国网绿链
—— 知识体系丛书 ——

国 网 绿 链
STATE GRID GREEN SUPPLY CHAIN

供应链
质量监督管理

国家电网有限公司　组编

中国电力出版社
CHINA ELECTRIC POWER PRESS

内 容 提 要

本书对国家电网有限公司供应链质量监督管理创新与实践进行系统总结和提炼，简要介绍了质量监督理论基础，重点介绍了国家电网有限公司供应链质量监督管理体系、电力设备驻厂监造、基于电工装备智慧物联平台开展的云监造以及到货抽检、创新实践、工作成效与未来展望等内容。

本书可为国家电网有限公司及电力行业相关专业人员实施供应链质量监督管理提供借鉴，也可作为相关管理人员探析电力设备质量监督理论与方法的重要参考资料。

图书在版编目（CIP）数据

供应链质量监督管理 / 国家电网有限公司组编. -- 北京：中国电力出版社，2024.12（2025.1重印）. -- (国网绿色现代数智供应链知识体系丛书). -- ISBN 978-7-5198-9045-2

Ⅰ. F426.61

中国国家版本馆 CIP 数据核字第 2024FL1323 号

出版发行：中国电力出版社
地　　址：北京市东城区北京站西街 19 号（邮政编码 100005）
网　　址：http://www.cepp.sgcc.com.cn
责任编辑：王蔓莉（010-63412791）
责任校对：黄　蓓　于　维
装帧设计：张俊霞
责任印制：石　雷

印　　刷：三河市万龙印装有限公司
版　　次：2024 年 12 月第一版
印　　次：2025 年 1 月北京第二次印刷
开　　本：787 毫米×1092 毫米　16 开本
印　　张：12.25
字　　数：210 千字
定　　价：80.00 元

丛书编写组

本册编写组

组　　长　　宋天民

副组长　　石　岩

成　　员　　熊汉武　储海东　牛艳召　曾思成　孙　萌

　　　　　　尹　超　崔宪杰　孙宏志　陈　瑜　张敬伟

　　　　　　李　凌　杨俊宏　王　军　崔　强　李佳宣

　　　　　　殷商莹　邹兰青　陈令英　郭宗耀　徐　刚

　　　　　　山东海　王晓辉　吴健超　彭济湘　夏辉军

特邀专家　　董健慧

随着全球一体化的程度越来越高，市场竞争不断加剧，供应链管理已成为经济和社会活动中的一个重要组成部分。供应链管理发展到今天，早已突破企业之间、产业之间的边界，成为国家竞争力的重要体现，也是国家之间合作与博弈的热点焦点。以习近平同志为核心的党中央高度重视供应链建设工作，作出了提升供应链现代化水平和自主可控能力、提高供应链稳定性和国际竞争力等系列决策部署，为中央企业供应链发展指明了方向。党的二十届三中全会再次强调"健全提升产业链供应链韧性和安全水平制度""打造自主可控的产业链供应链""健全绿色低碳发展机制""推动产业链供应链国际合作"。国务院国资委对中央企业在建设世界一流企业中加强供应链管理提出明确要求。国家电网有限公司全面贯彻党中央、国务院指示精神，聚焦供应链数智转型、绿色低碳、协同发展，创新打造国网绿色现代数智供应链管理体系，支撑经济和社会高质量发展。

作为关系国民经济命脉和国家能源安全的特大型国有重点骨干企业，国家电网有限公司始终坚持以习近平新时代中国特色社会主义思想为指导，坚持问题导向、目标导向和系统观念，推动公司和电网高质量发展，保障电力供应、促进能源转型、支撑和服务中国式现代化建设。在改革和发展过程中，国家电网有限公司紧紧围绕党中央、国务院关于推动产业链供应链优化升级重大决策部署，持续推动供应链创新发展，特别是从 2022 年起，创新构建具有"协同化、智慧化、精益化、绿色化、国际化"特征的国网绿色现代数智供应链管理体系（简称"国网绿链"），以平台为着力点、采购为切入点、整合为突破点，实施"绿链八大行动"，形成"标准引领、需求驱动、数智运营、平台服务"的绿色数智发展新业态，提效率、增效益、促效能，有效提高了采购和供应链资源保障能力、风险防控能力、价值创造能力和行业引领能力，确保产业链供应链安全稳定。

国网绿链聚焦供应链数智转型，用链式思维创新生产组织服务方式，以实物 ID

为纽带，实现"一码贯通，双流驱动"，建设供应链公共服务平台，建立供应链基础大数据库、高端智库，打造能源电力产业链供应链统一"数据底座"，有效打通创新链、资金链、人才链、价值链，推动全链业务实现跨专业、跨企业、跨行业数字化交互和智能化协同，促进形成新质生产力，服务能源电力产业链供应链高质量发展。国网绿链聚焦供应链绿色低碳，将绿色、低碳、环保的理念和技术融入供应链全过程、各环节，构建绿色低碳标准、评价、认证体系，印发央企首个《绿色采购指南》，深入实施绿色采购，推动能源电力领域技术创新、装备升级、节能减排和环保循环，助力形成绿色产业集群，构建供应链"全绿""深绿"生态，服务能耗"双控"向碳排放"双控"转变。国网绿链聚焦供应链协同发展，充分发挥国家电网有限公司作为能源电力产业链"链长"和供应链"链主"的超大规模市场"采购引领"作用，大力营造公开、公平、公正和诚实信用的招投标环境，倡导行业向绿色低碳、数智制造转型升级，推动产业链供应链高质量发展，助力构建协同共赢的供应链生态，促进全国统一大市场建设，推动新发展格局落地。

在供应链变革与重构的新格局中，供应链体系的价值逐步得到体现。国家电网有限公司在构建国网绿链的过程中，不断总结实践经验和创新成效，提炼超大型企业供应链发展的方法论，形成了国网绿链的理论及知识体系。本套丛书是国网绿链知识体系的精髓，既涵盖全社会供应链先进管理体系、流程、方法和技术，又突出了国网绿链的创新特色成效。希望以丛书的出版为契机，搭建共享交流平台，为大型国有企业探索现代供应链实践提供借鉴。诚挚欢迎关心关注供应链发展的社会各界人士提出宝贵意见。国家电网有限公司将持续深化绿色现代数智供应链管理体系建设，加快建设具有中国特色国际领先的能源互联网企业，为以中国式现代化全面推进强国建设、民族复兴伟业作出更大贡献！

国家电网有限公司副总经理

当今世界正经历百年未有之大变局，国际金融市场动荡、经济全球化遭遇逆流、部分国家保护主义和单边主义盛行等不利局面正冲击现有经济秩序，全球产业链供应链面临着快速重构的风险。大国之间对供应链主导权的争夺进入白热化阶段，区域化阵营化竞争手段正逐步取代以往市场化竞争，产业链供应链韧性与安全成为供应链布局的重要考虑因素，数智化、绿色化成为供应链转型的国际共识。

习近平总书记高度重视产业链供应链发展建设工作，在党的十九大报告中首提现代供应链，将其作为深化供给侧结构性改革、发展现代化经济体系的重要组成部分。党的二十大报告中明确提出"着力提升产业链供应链韧性和安全水平"，是以习近平同志为核心的党中央从全局和战略的高度作出的重大决策部署。《中华人民共和国国民经济和社会发展第十四个五年规划和 2035 年远景目标纲要》也提出了"分行业做好供应链战略设计和精准施策，形成具有更强创新力、更高附加值、更安全可靠的产业链供应链"。2023 年国务院国资委印发的《关于中央企业在建设世界一流企业中加强供应链管理的指导意见》中进一步明确了供应链管理的重要性。二十届三中全会公报中进一步强调了要"健全提升产业链供应链韧性和安全水平制度，健全促进实体经济和数字经济深度融合制度"。

在此基础上，全社会供应链思维明显提升，各企业大胆创新、积极探索，有利地推动了企业供应链国际化、绿色化、智能化水平持续提升，形成了一批先进实践经验。一批供应链领先企业迅速成长，围绕全球采购、生产、分销、物流等全面布局，在充分利用国际国内两个市场、两种资源等方面，起到了积极示范引领作用。随着习近平生态文明思想的贯彻落实，碳达峰、碳中和目标设立，建立健全绿色低碳循环发展的经济体系，已逐步由愿景走向现实。构建绿色供应链，需要国有企业主动承担绿色转型领头责任，引导企业做好业务发展与社会责任的有机平衡，将绿色可持续发展嵌入供应商选择、生产、物流、再生资源回收利用等全流程各环节。加快发展新质生产力，推动企业数字化转型提速，促进数字技术与实体经济融合，对企业供应链管理提出了新的要求。

作为关系国计民生的特大型国有骨干企业和全国供应链创新与应用示范企业，国家电网有限公司深入贯彻落实党中央、国务院关于推动产业链供应链发展相关重大决策要求，充分发挥知识资源对供应链创新发展支撑服务作用，构建绿色现代数智供应链管理知识体系，有效吸收了当前国际、国内主流知识体系精华，在总结自身成功的供应链管理实践案例基础上，结合中国能源行业产业链供应链发展特色，编写出这套兼具国际视野与中国特色、专业知识与企业实践相结合的知识体系丛书。该套丛书依托其特色优势，不仅能激励和引领国内企业持续创新供应链管理理念和方法、全面提升供应链管理现代化水平、助推我国现代供应链高质量发展，亦可作为培训教材培养一批具有先进供应链管理经验的高级专业人才，为指导提升我国供应链从业者业务能力水平作出贡献。

实现世界一流企业的发展目标任重道远。在此，我向大家推荐《国网绿色现代数智供应链知识体系丛书》，希望该系列丛书能够给各行业企业尤其是能源企业供应链从业者提供借鉴和帮助，进一步引导我国各行业企业供应链管理水平不断提升，促进我国产业链供应链高质量发展。

中国物流与采购联合会会长

随着经济全球化和网络化的发展，新供应链理念已经成为促进全球领先企业及其上下游企业实现资源优化配置、提升运营效率、提高核心竞争能力、适应全球市场发展要求的重要途径和手段。当前，我国正在深化供给侧结构性改革，经济已由高速增长转向高质量发展。受逆全球化、贸易保护等多重因素影响，全球供应链加速调整和重构，不稳定性和不确定性显著增加，供应链保障已经成为国家战略安全的重要组成。中央企业在国家产业链供应链体系建设中具有不可替代的地位，也承担着义不容辞的责任。

国家电网有限公司作为关系国民经济命脉和国家能源安全的特大型国有重点骨干企业，始终坚持以习近平新时代中国特色社会主义思想为指导，牢牢把握能源保障和安全这个须臾不可忽视的"国之大者"，全面贯彻落实国家战略部署要求，主动顺应信息技术发展潮流，围绕"绿色、数字、智能"现代化发展方向，打造具有行业领先地位和示范作用的绿色现代数智供应链管理体系，为推动国家电网有限公司高质量发展，支撑和服务中国式现代化提供了优质高效的供应链服务保障。

国网绿色现代数智供应链管理体系不仅提升了企业自身的供应链管理水平，在推动行业内乃至社会的供应链发展方面也有重要意义。

一是发挥"排头兵"的示范作用，为超大型企业供应链管理创新提供借鉴。对于国有企业来说，传统的供应链管理已经无法适应市场的需求，标准化、集约化、专业化、数字化、智能化是供应链转型的大方向。国网绿链坚持管理创新和科技创新双轮驱动，推动了供应链绿色化、数字化、智能化、现代化转型，在有效提升自身供应链运营水平的同时，为能源电力产业链供应链资源整合、提质增效、转型发展贡献了巨大力量，这些改革和创新经验为国内外企业的供应链创新发展提供了"国网方案"。

二是推动电工装备行业发展，带动产业链供应链价值提升。国家电网有限公司是全球最大的公用事业企业，处于产业链供应链的核心枢纽和链主地位。国网绿链充分发挥了超大规模采购的市场驱动力，用需求引领跨行业、跨平台、跨企业的专业化整合，不仅助力了全国统一大市场建设，还带动了全供应链绿色低碳、数智转型，营造和谐共赢的供应链生态圈，推动能源电力装备制造业乃至供应链上下游企业提档升级。

三是有效提升稳链固链能力，助推国家战略落地。国家电网有限公司作为全球电力领域的领跑者，利用国网绿链这个"火车头"，一方面引领了能源电力供应链产业链创新与变革，提升了供应链产业链韧性和安全稳定水平；另一方面带动了中国能源电力行业走向国际市场，加快我国的供应链标准和模式"走出去"，确保全球供应链的开放、稳定、安全，积极建设全球能源互联网，推动"一带一路"沿线经济带发展，助力构建人类命运共同体。

中国供应链发展要找到属于自己的道路，依靠的正是各行各业供应链从业者不断地探索和创新，众多的"先行者"为推动中国供应链事业发展，形成具有中国特色的供应链管理理论作出了重要贡献，而国家电网有限公司正是其中的"领头雁"。

《国网绿色现代数智供应链知识体系丛书》全面研究世界一流供应链发展方向和国家电网有限公司供应链应用经验，系统阐述了绿色现代数智供应链发展理论支撑、管理体系框架、战略要素构成、业务运营实践方面的创新思路及成效，相信来自各界的读者，无论是企业管理者，还是政策制定者，都能够从这套丛书中收获新的思路和启发。希望国家电网有限公司进一步以世界一流目标为指引，以央企的时代情怀，在供应链创新与应用中，进一步发挥"大国重器与压舱石"作用，在推动国家经济高质量发展中勇当标杆、率先垂范，为中国经济高质量发展作出更深层次的思考和更大的贡献。

中国人民大学商学院教授

国家电网有限公司坚决贯彻党中央、国务院战略部署，落实国资委《关于中央企业在建设世界一流企业中加强供应链管理的指导意见》，创新构建绿色现代数智供应链，持续推动物资管理水平提升。在此基础上，结合内外部环境需求，总结绿色现代数智供应链建设经验，构建了国家电网有限公司绿链知识体系，这是加强绿色现代数智供应链管理体系建设的一项重要举措，也是能源电力行业的首创。

《国网绿色现代数智供应链知识体系丛书》是深化国家电网有限公司绿链知识体系建设、打造供应链专业化人才队伍的重要抓手。丛书紧跟供应链专业化发展新趋势，将国际、国内前沿供应链管理理论与国家电网有限公司供应链管理创新实践相结合，以"理念先进、内容全面、专业实用、创新发展"为原则，既具备普适性，又体现创新性，既涵盖国际通用的供应链六大基础要素，又延伸覆盖规划设计、施工安装、运行维护等要素，形成具有国家电网有限公司特色的供应链九大要素。丛书采用一总册九分册形式，其中总册为《绿色现代数智供应链》，九分册分别为《供应链需求与计划管理》《供应链采购管理》《供应链物流管理》《供应链合同管理》《供应链质量监督管理》《供应链供应商关系管理》《供应链精益运营》《供应链风险管理》《供应链标准化与数智化管理》。

丛书既面向国家电网有限公司内部，为公司供应链从业人员夯实基础、拓展视野、提升水平、指导实际操作提供指引，又面向产业链供应链链上企业，为相关供应商、服务商、物流商理解绿色现代数智供应链理念和管理要求建立有效途径，促进供应链上中下游利益相关方深化协作，带动链上企业共同发展。同时可供各行业供应链管理人员学习和交流参考，促进共同提升全社会供应链管理水平，推动国家加快构建现代供应链管理体系。

本书是丛书的《供应链质量监督管理》分册，在简要介绍质量监督基础理论的基础上，以绿色现代数智供应链建设为主线，全面总结了国家电网有限公司在供应链质量监督管理方面的实践和创新。

本书力争全方面、多维度地呈现国家电网有限公司在供应链质量监督管理领域的特色经验，在结构安排上，首先简要介绍质量监督相关理论、政策、法律法规及制度等通识性内容；然后系统性地介绍国家电网有限公司供应链质量监督管理体系构建，驻厂监造、云监造、到货抽检等业务的具体实践和典型案例以及最新数智化创新实践；最后，总结国家电网有限公司供应链质量监督管理的工作成效，同时结合绿色化、数智化的现代供应链发展思路，对未来优化提升方向做出前瞻性思考和展望。

本书在编写过程中，得到多位同行及内外部专家的指导和支持，在此表示诚挚的感谢。限于编者水平，书中不足之处在所难免，恳请各位专家、读者提出宝贵意见。

编　者

2024 年 11 月

国网绿色现代数智供应链知识体系丛书

供应链质量监督管理

Contents
目　录

第一章

质量监督管理基础

质量监督在严把产品质量安全关、提高产品质量总体水平方面具有重要作用。在专业化分工日益深化、供应链日趋复杂的形势下，质量监督管理成为供应链协作的重要内容，采购方的质量监督策略成为实现供应链产品质量目标的必要措施。本章简要介绍了质量监督相关理论、方法、政策、法律法规及制度等通识性内容，旨在为后续章节的详细阐述打下基础。

第一节 质量监督概述

本节首先介绍了质量、质量管理、质量监督的基本概念，质量监督的主要类别和形式；然后结合国家宏观政策导向，介绍了质量监督的发展方向；最后从微观角度介绍了供应链质量监督的特征及策略。

一、质量和质量管理

质量作为产品的一种本质特性，既是生产经营活动所追求的目标，也是经营管理活动效果评判的标准。质量管理在其产生和发展的历程中，吸收和借鉴了现代科学技术、应用数学及管理科学等知识，理论日趋完善。全面、准确地理解质量和质量管理的内涵、质量管理的发展历程，有助于企业科学系统地开展质量监督工作。

（一）质量的概念

国际标准化组织在 ISO 9000：2015《质量管理体系 基础和术语》中将质量定义为"客体的一组固有特性满足要求的程度"。其中，"客体"是可感知或可想象到的任何事物，可以是产品、服务，也可以是过程、人员、组织、体系、资源及上述各项的任意组合；"固有特性"是指事物本来就有的、可以区分的特征；"要求"是指明示的、通常隐含的或必须履行的需求或期望，可由不同的相关方或组织自己提出。

1. 理解要点

由于顾客及其他相关方的需求是动态的、广泛的，因此质量具有广义性、时效性和相对性三个特性。

（1）广义性。质量不仅指产品质量，也可指过程和体系的质量。

（2）时效性。顾客及其他相关方的需求和期望是随着时间、地点的变化而不断变化的，质量要求也必须不断调整。

（3）相对性。由于顾客及其他相关方的需求日趋多元化、个性化，可能对同一产品的功能提出不同的需求，也可能对同一产品的同一功能提出不同的需求。需求不同，质量要求也就不同，但只要满足需求，就应该认为质量是好的。对于质量没有绝对的评价标准。

2. 产品的质量特性

通用的产品类别有硬件、流程性材料、软件、服务。产品的类别不同，质量特性的内容也各不相同。结合国家电网有限公司（简称国家电网公司）质量监督涉及的物资类别，下面对硬件产品和流程性材料的质量特性做简单介绍。

（1）硬件产品的质量特性。一般而言，硬件产品是指加工、装配类的生产过程的结果，其质量特性通常包括以下五个方面：

1）性能。性能是指产品适合用户使用目的所具有的技术特性，它综合反映了顾客和社会需要的产品功能。如：手表的走时功能和防水、防磁、防震性能，卡车的载重量、速度，拖拉机的牵引力，金属切削刀具的硬度和切削效率等。性能包括使用性能和外观性能两个方面。

2）寿命。寿命是指产品在规定的使用条件下可使用的总时间。产品的寿命一般可分为三种：①自然寿命，指产品在规定的使用条件下完成规定功能的总时间；②技术寿命，指因技术进步，不断出现技术上更先进的产品，而使技术落后的产品被淘汰，产品从开始使用到被淘汰为止所经历的时间称为技术寿命；③经济寿命，指产品在经济上的可用时间，也就是从成本费用的角度来计算产品更新的最佳周期。产品使用的年数越多，每年分摊的投资越少。由于性能退化、故障频发，需依靠大量的保养、维修费用来延长自然寿命，使用费用日益增加，在使用期最适宜的年份内设备年均成本费用最低，即经济寿命的含义。

3）可信性。可信性是用于表述可用性及其影响因素（可靠性、维修性和维修保障性）的集合术语。其中可靠性是指产品在规定条件下和规定时间内，完成规定功能的能力；维修性是指产品在规定的条件、时间、程序和方法下进行维修，保持或恢复到规定状态的能力；维修保障性是指维修保障资源能满足产品完好性和使用要求的能力。

4）安全性。安全性是指产品在储存、流通和使用过程中不发生由于产品质量而导致的人员伤亡、财产损失和环境污染的能力。

5）经济性。经济性是指产品在整个寿命周期内的费用，是制造费用和使用费用的总和。

（2）流程性材料的质量特性。流程性材料是指经过各种转化制成的（最终或中间）产品，包括固体、液体、气体或其组合。其中，固体包括粒状、块状、线状或板状材料。流程性材料通常以散装形式，如管道、桶、袋、箱、罐或卷的形式交付。

流程性材料是一类产品的集合，是流程生产过程的结果。产品的主要质量特性包括：

1）物理性能，如密度、黏度、粒度、电传导性能等。

2）化学性能，如耐腐蚀性、抗氧化性、稳定性等。

3）力学性能，如强度、硬度、韧性等。

4）外观，如几何形状、色泽等。

（二）质量管理的概念

国际标准化组织在 ISO 9000：2015《质量管理体系 基础和术语》中将质量管理定义为"关于质量的管理"。质量管理包括制定质量方针和质量目标，以及通过质量策划、质量保证、质量控制和质量改进来实现质量目标的过程。质量管理理解要点如下：

（1）质量管理职能是通过建立、实施、保持和持续改进质量管理体系来实现的。

（2）除质量管理外，组织的其他经营过程还包括生产、财务、营销、物资等管理过程。这些管理过程本身存在质量活动，其工作质量目标也包括向顾客提供满意的产品质量。因此，质量管理是构成各项管理的重要内容，也只有与各项管理融为一体才能实现其自身目标。

（3）质量管理经过一个世纪的历程，才发展到如今的全面质量管理阶段。

（三）质量管理发展历程

通常认为，现代质量管理的发展历程大体经历了质量检验阶段、统计质量管理阶段和全面质量管理阶段。这三个阶段不是孤立的、互相排斥的，前一个阶段是后一个阶段的基础，后一个阶段是前一个阶段的继承和发展。

1. 质量检验阶段

20 世纪之前，产品质量基本上依靠操作者的技艺和经验来保证，可称为操作者的质量管理。到了 20 世纪初，由于操作者的质量管理容易造成质量标准不一致和工作效率低下，因而不能适应生产力的发展。科学管理的奠基人泰勒（Frederick Winslow Taylor）提出在生产中应该将计划和执行、生产与检验分开。后来，一些工厂开始设立专职的检验部门，对生产出来的产品进行质量检验，鉴别合格品或废次品，从而形成检验员（部门）的质量管理。这种有人专职制定标准、有人负责实施标准、有人按标准对产品质量进行检验的"三权分立"的质量管理是质量检验阶段的开始，是一种历史的进步，现代意义上的质量管理便从此诞生。

这种检验有其弱点：①这种事后把关的方法无法在生产过程中起到预防、控制的作用；②它要求对成品进行百分之百的检验，有时从经济性角度考虑并不合理，有时从技术上考虑也不可能（如破坏性检验），在生产规模扩大和大批量生产的情况下，其弊端尤为突出。

2. 统计质量管理阶段

由于"事后把关"的检验不能预防不合格品的发生，对于大批量生产和破坏性检验也难以适用。这促使人们去探寻质量管理的新思路和新方法。

从 20 世纪 20 年代开始，英国、美国、德国、苏联等国家相继制订并发布了公差标准，以保证批量产品的互换性和质量的一致性。与此同时，人们开始研究概率和数理统计在质量管理中的应用。1926 年，美国贝尔电话研究室工程师休哈特（W.A.Shewhart）提出了"事先控制、预防废品"的质量管理新思路，并应用概率论和数理统计理论，设计了具有可操作性的质量控制图，解决了质量检验事后把关的不足。后来，美国人道奇（H.F.Dodge）和罗米格（H.G.Romig）又提出了抽样检验法，并设计了可实际使用的抽样检验表，解决了全数检验和破坏性检验在应用中的困难。第二次世界大战期间，为了提高军品质量和可靠性，美国先后制定了三个战时质量控制标准，即 AWSZ 1.1—1941《质量管理指南》、AWSZ 1.2—1941《数据分析用控制图法》、AWSZ 1.3—1942《工序控制图法》，并要求军工产品承制厂商普遍实行这些统计质量控制方法。一般认为 20 世纪 40 年代的这些理论和实践的进步是质量管理开始进入统计质量管理阶段的标志。

统计质量管理把以前质量管理中的"事后把关"变成了"事先控制、预防为主、防检结合"，并开创了将数理方法应用于质量管理的新局面。第二次世界大战后，数理统计在生产领域中的应用更是蓬勃发展，但是统计质量管理并不是完美无缺的，它过分强调质量控制的统计方法，忽视组织管理工作，使人们误认为质量管理就是统计方法，是统计专家的事，在当时计算机软件应用不广泛的情况下，使许多人感到高不可攀、难度太大，在一定程度上限制了质量管理统计方法的推广及普及。

3. 全面质量管理阶段

20 世纪 50 年代起，尤其是 60 年代后，科学技术加速发展，产品的复杂程度和技术含量不断提高，人们对产品质量及可靠性的要求，对品种、质量和服务的要求越来越高，特别是服务业的迅猛发展更导致服务质量及服务质量管理新问题的出现。这些都对传统的质量管理理论和方法提出了挑战。只有将影响质量的所有因素统统纳入质量管理的轨道，并保持系统、协调地运作才能确保产品的质量。在这种社会历史背景和经济发展形势的推动下，逐渐形成了全面质量管理的思想。

美国通用电气公司质量经理费根堡姆（A.V. Feigenbaum）于 1961 年在其专著《全面质量管理》一书中，首次提出全面质量管理的概念。

质量管理专家朱兰（Joseph M. Juran）提出，质量策划、质量控制及质量改进是实施质量管理的三个主要环节，称之为"朱兰三部曲"。他主编的《质量控制手册》于 1951 年首次出版，最终版是 1993 年出版的第 5 版，直到现在仍是质量管理领域的权威著作。

20 世纪 60 年代以后，费根堡姆的全面质量管理概念逐步被世界各国所接受，各国在运用时各有侧重，并结合自己的实践有所创新发展。日本在推行全面质量管理的过程中，广泛地开展群众性的质量管理活动，提出了"质量管理小组""质量改进的七种工具"等，在实际工作中收到良好成效。此外，ISO 9000 族质量管理标准、六西格玛管理模式、卓越绩效评价标准都是以全面质量管理的理论和方法为基础的。在一定意义上，全面质量管理已经不再局限于质量职能领域，而演变为一套以质量为中心，综合的、全面的管理方式和管理理念。

二、质量监督基本概念

（一）质量监督的定义

国际标准 ISO 8402—1994 中，质量监督的定义为"为确保满足规定的要求，对实体的状况进行连续的监视和验证并对记录进行分析"，可以从以下五个方面理解：

（1）质量监督的对象是实体，即可以单独进行描述和考虑的事物都可以成为质量监督的对象，包括产品、活动、过程、组织、体系、人或者他们的任何组合。

（2）质量监督的目的是确保满足规定的要求。规定的要求可以是标准、规范、法律、规章、制度等。

（3）质量监督的手段可以是监视、观察、验证，并对记录进行检查、分析。质量监督应该是连续的，即持续的或以一定频次进行；可以是即时的，也可以是延时的。

（4）监督的主体是顾客或顾客的代表。顾客代表的含义是指顾客授权的代表（第三方检验机构）或代表顾客利益的人或组织（国家通过立法授权的特定国家机关或社会团体）。

（5）质量监督建立在信息的收集（包括记录的分析）、整理、传递和反馈的循环过程中。

（二）质量监督的依据

质量监督是对社会生产流通、分配和消费各过程的产品、服务质量的全面监察和督导。本书侧重于对产品的质量监督，其依据主要有以下四个方面：

（1）以产品所执行的标准为判定依据。产品所执行的标准包括现行的国家标准、行业标准、地方标准和经过备案的企业标准。未制定标准的，以国家有关规定或要求为判定依据。对可能危及人体健康和人身、财产安全的工业产品，必须符合强制性的国家标准、行业标准，未制定强制性国家标准、行业标准的，必须符合保障人体健康、人身财产安全和卫生指标的要求。

（2）产品必须具备应当具有的使用性能（对产品存在使用性能的瑕疵作出说明的除外）。监督检查时，要把假冒伪劣产品和只有一般质量问题的产品（即仍有一定使用价值的处理品、次品）严格区别开来。处理应适当，避免随意。以上两方面是法定的默示担保条件。

（3）在无标准、无有关规定或要求的情况下以产品说明书、质量保证书、实物样品、产品标识表明的质量指标和质量状况作为监督检查时判定的依据，这是法定的明示担保条件，是生产者、销售者对产品质量应当作出的保证和承诺。

（4）监督检查优质产品时，判定产品质量的依据是获奖时所采用的标准或技术规范。

三、质量监督主要类别及形式

质量监督主要分为企业内部、外部质量监督两种类别，主要有抽查型、评价型、仲裁型三种基本形式。

（一）质量监督主要类别

质量监督可以分为企业内部的质量监督和企业外部的质量监督。

1. 企业内部监督

企业内部监督是为了保证满足质量要求，由具备资格且经企业授权的组织和人员对程序、方法、条件、产品、过程或服务进行随机检查，对照规定的质量要求，发现问题予以记录，并督促责任部门分析原因，制定解决措施，直至问题解决。企业内部主要通过质量检验部门、质量保证部门来进行质量监督，质量监督范围涉及各职能部门所管辖的全部工作和活动。

2. 企业外部监督

企业外部的质量监督包括国家监督、行业监督、社会监督和用户监督。

（1）国家监督。国家监督是一种行政监督执法，是国家通过立法授权的国家机关利用国家的权力和权威来行使的。其监督具有法律的威慑力。这种执法是从国家的整体利益出发，以法律为依据，不受部门、行业利益的局限，具有法律的权威性和严肃性。只受行政诉讼法的约束，不受其他单位的影响和干扰。国务院市场监督管理部门主管全国产品质量监督工作，国务院有关部门在各自的职责范围内负责产品质量监督工作。

（2）行业监督。行业监督是指由行业主管部门对其所管辖的行业和企业，在接受国家质量监督部门的委托下，贯彻和执行国家有关质量法律法规进行的监督。根据国家产业政策，组织制定本行业或企业的产品升级换代计划，指导企业根据国家或市场的需求，调整产品结构，提高产品质量水平，推动技术进步，生产适销对路的优质名牌产品，提升产品在国内外市场中的竞争能力。行业质量监督不能与国家监督等同，无权使用国家法律法规对其所管辖的行业和企业实行行政处罚。

（3）社会监督。社会监督是指社会团体、组织及新闻机构等单位在协助国家或行业有关质量监督部门开展质量监督管理工作方面发挥作用，根据消费者和用户对商品质量的反馈，对流通领域的某些商品质量进行监督检查，协助用户或消费者对假冒伪劣产品进行揭露和投诉，执行一般质量争议的仲裁等工作，旨在维护用户或消费者的合法权益。

（4）用户监督。用户的质量监督，是指使用单位或个人为确保所购商品的质量而进行的质量监督。用户既包括企业等组织，也包括消费者等个人，是广泛的社会力量。由于用户对自己的利益最关心，因而，用户监督必然会发挥最有效的监督作用。

（二）质量监督基本形式

质量监督工作按其性质、目的、内容和处理方法不同，可分为抽查型、评价型、仲裁型三种基本形式。

1. 抽查型

抽查型质量监督指国家市场监督管理部门为监督产品质量，依法组织对在中华人民共和国境内生产、销售的产品进行抽样、检验，并进行处理的活动。监督抽查是国家对产品质量进行监督检查的主要方式之一，分为由国家市场监督管理总局组织的国家监督抽查和县级以上地方市场监督管理部门组织的地方监督抽查两种。抽查的主要对象是可能危及人体健康和人身、财产安全的产品，影响国计民生的重要工业产品及消费者、有关组织反映有质量问题的产品。

抽查的样品应当从市场上或者企业成品仓库内的待销产品中随机抽取。抽查型质量监督一般只抽检商品的实物质量，不检查企业的质量保证体系。抽查的目的是促进企业提高产品质量，为国家加强宏观管理提供产品质量真实信息，其性质是国家对企业质量管理工作的考核，是对企业能否稳定地、持续地生产合格品、优质品的检查，同时也是代表用户和消费者对产品质量的验证，是一种强制性的质量监督形式。

2. 评价型

评价型质量监督是指国家的质量监督机构对申请新产品鉴定、产品生产许可证、优质产品和质量认证等证书与标志的企业，进行生产条件、质量体系的考核和产品抽查试验，评价合格后，以颁发产品质量证书、标志等方法确认和证明产品已经达到某一质量水平，以及对获得这些资格证书的企业进行生产条件、质量体系和产品质量复查，以检查产品质量和质量保证体系是否保持或提高的一种质量监督活动。新产品鉴定、生产许可证发放、产品质量认证、企业质量体系认证、环境标志产品认证和评选优质产品等都属于这种形式。

评价型质量监督基本上由企业自愿申请，只在有关人身安全健康的重要产品上才负有一定的强制性。评价型质量监督是国家干预产品质量、进行宏观管理的一种重要形式，其目的是扶优限劣，鼓励生产企业生产更多优质产品，把产品质量提升到更高的水平。

3. 仲裁型

仲裁型质量监督是指质量监督机构通过对有质量争议的商品进行检验和质量调查，分清质量责任，做出公正处理，维护经济活动正常秩序的一种质量监督活动。仲裁型质量监督具有较强的法制性，这项任务由质量监督管理部门承担，应选择经省级以上人民政府产品质量监督管理部门或其授权的部门审查认可的质量监督检验机构作为仲裁检验机构。

以上三种质量监督基本形式的特征详见表1-1。

表 1-1　　　　　　　　　　　产品质量监督三种基本形式的特征

特征 ＼ 形式	抽查型	评价型	仲裁型
目的	通过对部分重点产品的监督抽查，发现质量问题和发展趋势，指导并加强国家对产品质量的宏观控制，督促企业按标准生产合格产品	鼓励企业生产具有较高质量水平的产品，向国际水平和国外先进水平靠拢	公正判定、裁决有质量争议的产品，保护当事人的正当权益
内容	只对产品的主要特征进行抽查检验，有的要做全项检验，包括型式试验	不仅抽查产品质量，还要审查、评定企业的质量保证条件	只对有争议产品进行检验，必要时，要检查生产企业、经销单位和使用单位的质量保证条件，弄清质量责任
处理	由政府发布检验公报或在报纸上公布检验结果，通过整改使产品达到规定要求	由政府颁发相应质量水平的产品质量证书，允许在产品上、包装上使用相应的质量标志或标记	由受理仲裁（信访）的质量监督部门进行调解和裁决

四、质量监督发展方向

随着新一轮科技革命和产业变革持续深入，中国正在由制造大国向制造强国转变，高质量发展引发了质量监督理念、机制、实践的深刻变革。2023 年党中央、国务院印发了《质量强国建设纲要》，对质量监督提出了新的要求。

（一）社会多元共治

《质量强国建设纲要》指出，创新质量治理模式，健全以法治为基础、政府为主导、社会各方参与的多元治理机制，强化基层治理、企业主责和行业自律，推动质量社会共治。发挥行业协会商会、学会及消费者组织等的桥梁纽带作用，开展标准制定、品牌建设、质量管理等技术服务。引导消费者树立绿色健康安全消费理念，主动参与质量促进、社会监督等活动。发挥新闻媒体宣传引导作用，传播先进质量理念和最佳实践，曝光制售假冒伪劣等违法行为。鼓励企业构建数字化、智能化质量管控模式，实施供应商质量控制能力考核评价。

（二）检验检测装备技术能力升级

提升检验检测装备技术能力是支撑产业高质量发展的关键环节。《质量强国建设纲要》指出，到 2025 年，质量基础设施更加现代高效，计量、标准、认证认可、检验检测等实现更高水平协同发展。加快质量技术创新应用，鼓励企业加强质量技术创新中心建设，推进质量设计、试验检测、可靠性工程等先进质量技术的研发应用。加强检验检测技术与装备研发，加快认证认可技术研究由单一要素向系统性、集成化方向发展。加快建设国家级质量标准实验室，开展先进质量标准、检验检测方法、高端计量仪器、检验检测设备设施的研制、验证。深化检验检测机构市场化改革，加强公益性机构功能性定位、专业化建设，推进经营性机构集约化运营、产业化发展。完善检验检测认证行业品牌的培育、发展、保护机制，推动形成检验检测认证知名品牌。

（三）数字化智能化赋能

《质量强国建设纲要》指出，开展质量管理数字化赋能行动，推动质量策划、质量控制、质量保证、质量改进等全流程信息化、网络化、智能化转型。鼓励企业推动全员、全要素、全过程、全数据的新型质量管理体系应用，加快质量管理成熟度跃升。强化新一代信息技术应用和企业质量保证能力建设，构建数字化、智能化质量管控模式，实施供应商质量控制能力考核评价，推动质量形成过程的显性化、可视化。

（四）推动绿色低碳高质量发展

《质量强国建设纲要》指出，树立质量发展绿色导向。开展重点行业和重点产品资源效率对标提升行动，推动高耗能行业低碳转型。健全统一的绿色产品标准、认证、标识体系。建立健全碳达峰碳中和标准计量体系，推动建立国际互认的碳计量基标准❶、碳监测及效果评估机制。

五、供应链质量监督特征及策略

供应链质量监督是质量监督理念、思想及方法在供应链情境下的拓展与延伸，其活动扩展到整个供应链。

（一）供应链质量监督特征

供应链质量监督对于企业来说是极其复杂且至关重要的问题，与企业内部质量监督相比具有如下新特征：

（1）质量监督范畴突破了单一企业的边界。在供应链环境下，产品的设计、研发、生产、运输、分销和售后服务由供应链中的各节点企业共同完成，产品和服务质量由

---

❶ 计量基标准：指在计量领域中，用于确定和保证计量结果准确性和可靠性的基本标准。计量基标准是计量学的基础，是各种计量活动的基础和保障。碳计量基标准是衡量碳排放量的重要参照标准，是衡量碳排放量、评估碳排放活动的有效工具。

分布在整个供应链范围内的全体成员共同保证和实现。任何一个环节出现质量问题，将不同程度地影响其他成员企业。因此，供应链质量监督不是针对单一企业，而是全方位对供应链上所有节点企业共同建立具有动态组织结构和业务流程的供应链质量监督体系，通过对供应链上所有企业产品或服务质量的控制和管理，不断提高供应链整体质量水平，从而满足顾客的质量需求。

（2）质量信息的集成逐渐成为质量监督的重点。供应链中各节点企业是相互独立的实体，地理位置一般较为分散，这使得各合作伙伴之间不易观测和监督彼此的行为。因此，通过信息技术的协同与共享，对存在于整个供应链所有活动和过程中的质量信息进行集成和分析，发现其薄弱环节并进行有效的控制与管理，成为供应链质量监督的重点，这也是提升整个供应链质量水平的基础。

（3）供应链核心企业在供应链质量监督中起主导作用。供应链本身是个庞大的网络，增加了供应链协调运行的难度。在价值链分工及商业交易中，核心企业的地位一般由从最初原材料到终端客户这条价值链中企业的作用、掌握的资源、购买中的地位优势以及对终端客户的重要程度自然形成的。供应链质量监督一般由这些自然形成的具有主导地位的核心企业作为决策者和组织者，引导供应链各节点企业承担共同而有区别的质量职能。

（4）供应链质量监督需各节点企业相互协同合作。供应链各节点成员是具有完全市场行为及独立决策能力的主体，在供应链上发挥不同的作用，成员利益相对独立，目标往往不尽相同且有可能相互冲突，但是为了共同一致的供应链质量目标，供应链上的成员企业需承担相应的质量监督职能，主动接受并配合供应链核心企业开展的质量监督活动。

（5）供应链质量监督具有明显的动态性。由于分散式供应链自身是一个松散的动态联盟，需要随目标及服务方式的变化而变化，它随时处在一个动态调整过程中，其质量监督也具有明显的动态性。

（二）供应链质量监督策略

供应商的质量稳定性是影响供应链质量的关键因素之一。结合国家电网公司物资采购方角色定位及其物资质量监督业务实际，本书重点阐述对供应商交付产品的质量监督。

监督策略主要包括设备监理、进货质量检验、质量奖励与惩罚、质量信息集成管理。其中，对重大设备的生产过程实施设备监理❶，对一般物资按产品标准、技术规程和合同条款进行进货质量检验。

1. 设备监理

工程项目中的关键设备对整个项目带来的影响是巨大的。关键设备的设计质量、制造质量、生产周期等都会对工程项目的质量、工期、投资、生产维护成本、投资效益产生重大影响。设备监理是保障重大设备工程质量安全的重要防线，对重大设备实施监理是供应链物资采购质量监督的重要策略之一。

2. 进货质量检验

进货物资的质量水平直接影响采购方最终产品或服务的质量。为了保证采购方生产经营质量稳定，必须确保进货物资的质量合格，这就需要对进货物资进行质量检验。

对批量正常进货物资的检验可根据采购产品的不同情况，选择不同的检验方法。应重视供应商提供的质量证明文件，并在此基础上进行核对性检查。进货检验应在采购产品入库或投产前进行，有关部门应向检验部门提供采购产品的图样、技术协议、验收文件及供应商的质量保证文件或由供应商签发的合格证明，以便进货检验人员进行核对。进货检验一般可集中在进货检验站进行。对于关键产品、大量进货或体积庞大的货物，可根据需要派出检验人员常驻供应商处进行检验或到供应商处进行巡回检验。

3. 质量奖励和质量惩罚

在供应链系统中各成员都是独立的、理性的个体，受其自身利益最大化的内在驱动，其行为往往以实现局部最优为首要目标。为了实现供应链整体质量目标，需要供应商与采购方的共同努力。在供应链成员合作的过程中，实施适当的质量奖励和惩罚等质量监督策略，能对供应商产生正面引导和反面警示威慑的双重作用，有助于调动供应商的合作积极性，激励供应商达到采购方的质量目标。

4. 质量信息集成管理

质量信息是企业质量监督的重要依据，是帮助企业和供应商不断改进产品质量和改善各个环节工作质量的最直接的原始资料。产品的寿命周期包括原材料获取、零件加工和产品装配、交付、使用和维护、报废处理等阶段。在整个产品寿命周期中，对供应商交付的产品在原材料获取、生产、交付验收、运行和维护、报废等各环节的质

---

❶ 中国推行设备监理制之前，业主对关键设备实施驻厂监造。设备监理是对驻厂监造的完善和拓展。本书第二章及以后章节沿用了"驻厂监造"这一术语。

量信息进行集成，分析其规律，发现薄弱环节并进行预警，以及进行有效地控制、管理和提升，成为供应链物资质量监督的重要策略之一。

结合国家电网公司业务实践及丛书的体系结构，本书重点阐述生产阶段的设备监理、交付阶段的产品收货质量检验等质量监督策略，以及基于全寿命周期质量管理的质量监督策略优化。

第二节 设 备 监 理

重大设备具有投资规模大、技术复杂程度高、制造安装周期长和生产运营过程中难以替换等特点，一旦发生质量安全事故，可能造成重大人身伤亡和财产损失。加强设备监理，对于保障重大设备质量安全和投资效益、实施新型工业化战略和促进制造业质量提升，具有不可缺少、不可替代的重要作用。本节介绍了设备监理的基本概念、范围和实施内容。

一、设备监理基本概念

设备监理在工程建设中扮演着非常重要的角色，它是对工程中使用的各种设备进行全面、系统、专业的监督和管理。设备监理的目标是提高设备项目的投资效益、社会效益和环境效益，使设备质量达到预期的质量标准。

（一）设备监理定义

设备监理是指依法设立的设备监理单位，接受项目法人或建设单位的委托，按照与项目法人或建设单位签订的监理合同的约定，根据国家有关法规、规章、技术标准，对重要设备形成的全过程和（或）最终形成的结果实施监督和控制。

重要设备是指国家大中型基本建设项目、限额以上技术改造项目等所需的主要设备、国家重点信息系统的重要硬件及相配套的应用软件。

（二）设备监理范围

《设备监理管理暂行办法》（质检质联〔2001〕174 号）第五条规定，下列建设项目的重要设备应当实施设备监理：

（1）使用国家财政性资金的大中型基本建设项目和限额以上技术改造项目。

（2）涉及国内生产安全及国家法律、法规要求实施监理的特殊项目。

（3）国家政策性银行或者国有商业银行规定使用贷款需要实施监理的项目。

二、设备监理实施

设备监理是工程咨询体系的一个分支，是工程咨询在工程设备制造行业的延伸。作为工程咨询服务的一个组成部分，设备监理活动已在世界范围内得到广泛的开展。

（一）设备监理对象

设备监理的对象包括形成过程及结果、行为主体两个层次：

（1）设备形成的全过程及设备形成过程的结果：设备的形成过程包括设计、制造、安装、检验等。对设备形成全过程的监理主要涉及对设备工程合同履约过程的管理，具体体现在设备制造的安全、质量、进度、投资等方面的指标满足要求的程度，这些指标最终反映了设备效能实现的程度。

（2）设备工程的行为主体，即设备承包商在设备形成过程中的履约行为，包括设备形成全过程的各个组成过程的承包商，即设备的设计、制造、安装、检验和试运行单位的履约行为。

（二）设备监理阶段划分

设备监理阶段划分的依据是设备项目进展的逻辑过程，划分的目的是利于监测和控制过程目标的实现。不同项目的设备监理阶段的划分不一样。

在中国设备监理制度下，设备监理活动多集中在制造阶段。随着设备监理作用日益凸显，设备监理也被应用到重大设备大修及技术改造中，设备监理的服务范围也逐步从设备形成阶段向运营阶段延伸。

（三）设备监理内容

设备监理的工作内容主要包括质量管理、时间管理、成本管理、合同管理、信息管理。

1. 质量管理

重大设备结构复杂，制造过程需要多方广泛协作。重大设备质量具有影响因素多而波动性大、隐蔽性强、不易诊断和处理等特点。

设备质量监理的目标是提高工程项目的投资效益、社会效益和环境效益，使设备质量达到预期的质量水准，如设备的设计质量、制造质量、安装质量都达到预期的水平，调试后投入运行的状况正常和良好。设备各阶段的质量目标不同，需要分别确定各阶段的监理任务。

（1）设计阶段。审查设备设计所依据的各种基础资料、数据标准、规范是否正确、可靠，是否符合国家、地方和行业的有关规定；审查设计方案的先进性和合理性，确定最佳设计方案；审查选择的计算方法、公式和参数是否正确；进行设计质量跟踪检查，控制设计图纸的质量；协助委托方验收设计图纸和设计文件；对设备设计的工作质量进行评定，编制设备设计监理报告。

（2）采购阶段。监督原材料、外购配套件、元器件、标准件及配料的准备情况，审查其材质证明书及合格证书；进货检验（有资格的人员按规定要求进行进货检验）；对原材料、外购件等进行质量记录。

（3）制造阶段。确保制造现场应用有效的规范、图样和技术；掌握生产计划安排情况；了解生产工艺及其他生产技术的准备情况，重点掌握主要零件的生产工艺规格及检测要求；监督零件加工制造是否按工艺规范的规定进行；操作人员是否具有相应的技术操作证书；零件制造经检验是否严格执行图纸和工艺的规定；零件加工制造的制度是否符合生产计划的要求；用于控制过程的测量结果和数据的准确度；参与主要件的见证点检验、停止点检验和文件检验；对设备设计出现的重大问题和情况，监理方及时向委托方反馈并协助委托方与设计单位进行磋商，寻求解决办法；过程更改的控制；不合格品及纠正措施的控制。

（4）安装调试阶段。审查设备安装调试单位的能力和技能水平；审查设备安装调试的施工组织设计和施工方案设计；进行设备的验收，审查设备和安装材料的合格证书或质保证书；进行跟踪监督，控制安装工艺过程，对关键工序（定位、就位、调平、复查和装配）实行旁站监理，同时进行记录；参加质量事故的处理，检查质量事故处理执行情况；对设备安装调试质量进行评估，编制评估报告。

（5）试运行或试生产阶段。监督和查看试运行的记录，与项目设计要求进行对比，若有差异，向承包方反馈，协助查找原因，加以改进。当运行中出现设备故障和其他问题时，协调分析原因，并联合有关方面排除故障。试运行结束后对设备进行的检测，对设备在运行过程中的质量作出评价和总结。

2. 时间管理

时间管理是指对于设备项目各阶段的工作内容、工作程序、持续时间和衔接关系，根据时间总目标及资源优化配置的原则，编制计划并付诸实施。在进度计划实施过程中，采取预防措施防止进度偏差，经常检查实际进度是否按计划进度进行，对出现的偏差情况进行分析、评价，采取补救措施或调整、修改原计划后再付诸实施。如此循环，直到设备项目竣工验收交付使用。项目进度计划包括前期工作进度计划、项目实施总进度计划、单项任务进度计划及项目年度计划。

3. 成本管理

对设备工程项目而言，成本是项目活动中所耗费的资金总和。设备监理成本管理是对项目活动中各项费用的发生和项目成本形成所进行的预测、计划、核对、分析和控制等一系列的管理活动。

项目的不同阶段对成本管理的要求有显著的不同。虽然成本控制中起决定性作用的应是项目决策期的可行性研究和项目实施期的设计两个阶段，但现行设备监理实践中项目成本控制几乎都发生在制造和设备安装调试这两个施工阶段。这两个阶段成本控制工作主要包括制定投资控制工作流程、编制和审查资金使用计划、按合同要求制定投资控制措施、工程计量、工程变更控制、索赔控制、工程结算、投资偏差分析与纠偏。

4. 合同管理

设备合同是设备项目建设质量控制、进度控制和成本控制的主要依据。项目承发包双方的权利和义务关系主要通过合同来确定，做好合同管理是确保设备项目顺利实施的一项重要工作。

设备监理合同管理是指监理机构受委托方的委托，以委托方与承包商依法签订的合同为依据，以保证设备质量并用较低的成本和按期完成设备项目为目的，以公平合理地处理双方的权利和责任为准则，对设备合同实施进行监督和管理，主要包括对合同的招投标、签订、履行、变更、终止和索赔等进行管理。

5. 信息管理

设备监理信息是监理工程师实施控制的基础，是监理决策的依据，也是协调各参建方关系的重要媒介，因此设备监理的信息管理是设备监理工作的重要内容之一。

设备监理信息管理的工作包括建立信息采集制度，对信息进行采集、加工、传输、存储、检索、输出。监理信息的采集指采集各种原始信息，即第一手资料。监理信息采集制度的建立主要有两方面内容：①监理记录，主要包括施工现场实际情况的记录和监理工程师的监理意见记录，有监理日记、施工现场监理月报、监理工程师专业记录等形式；②会议制度，开工会议、工程例会、专题会议等包含着大量的监理信息，监理工程师需重视并收集会议信息。

第三节 质 量 检 验

在产品质量形成的全过程中，为了实现产品的质量要求，应对所有影响质量的活动进行适宜而连续的控制，各种形式的质量检验活动是这种控制必不可少的条件。本节介绍了质量检验的基本概念、企业质量检验主要管理措施、质量检验策划和实施等具体内容。

一、质量检验基本概念

质量检验是指对产品的一种或多种质量特性进行观察、测量、试验，并将结果与规定的质量要求进行比较，以判断每项质量特性是否合格以及产品是否合格的一种活动。

质量检验的目的是取得对产品是否符合规定的质量标准作出判断的客观依据，并做出合格与否的判断，是在产品生产出来以后所做的判断。质量检验的对象是产品的质量特性。

（一）质量检验的功能

质量检验作为一个重要的质量监督形式，其功能主要有鉴别功能、把关功能、预防功能和报告功能。

1. 鉴别功能

鉴别功能是指根据技术标准、产品图样、工艺规程、订货合同或技术协议的规定，通过观察、测量、试验、比较，判定质量特性值是否符合规定的要求。

只有通过鉴别才能判断产品质量是否合格，因此鉴别功能是质量检验最基本的功能，是质量检验各项功能的基础，也是把关功能的前提。

2. 把关功能

把关功能是指在对产品鉴别后将其区分为合格品与不合格品，将不合格品进行标记和隔离，以防止在做出适当的处理前被误用，保证"不合格的原材料不投产，不合格的产品组成部分及中间产品不转序，不合格的成品不交付"，从而保证产品的符合性质量。把关是任何检验都必须具备的基本功能。

3. 预防功能

现代质量检验不仅需要实现事后把关作用，还需起到预防作用。其预防作用体现在以下几个方面：

（1）通过工序能力的测定和控制图的使用进行预防。无论是测定工序能力还是使用控制图，都需要通过产品检验取得一批数据或一组数据，一旦发现能力不足，或通过控制图表明出现了异常因素，需及时调整或采取有效的技术、组织措施，提高工序能力或消除异常因素，恢复工序的稳定状态，预防不合格品出现。

（2）通过工序作业的首检与巡检进行预防。批量生产时，对每一个工作班组开始或生产状态变化（如操作者更换或生产设备、工艺装备调整等）后完成的第一件产品，一般应进行首件检验，只有首件检验合格后才能正式作业。正式作业后，为了及时发现作业过程是否发生了变化，还要定时或不定时到作业现场进行巡回抽查，一旦发现问题及时采取措施予以纠正。

（3）通过前后道工序的互检进行预防。对原材料和外购件的进货检验、对中间产品转序及入库前的检验，既起把关作用，又起预防作用。对前道工序是把关，对后道工序是预防。同时通过应用现代数理统计方法对检验数据进行分析，可以更好地找到或发现质量变异的特征和规律，进而改善质量状况，以预防不稳定生产状态的出现。

4.报告功能

报告是信息反馈的过程，是质量改进过程中的重要环节之一。报告功能是通过检验活动，系统地收集、积累、整理并分析研究各种质量信息，根据需要编制成各种报告或报表，按照企业规定向有关人员和部门报告企业产品质量的现状、动态及发展趋势，使相关部门和人员及时掌握企业的质量状况，为企业质量策划、质量控制、质量考核及质量决策提供及时、可靠和充分的依据。

（二）质量检验的类型

一般可以按照质量检验实施阶段、检验数量、检验对象检验后的状态特征、检验方法、实施能力进行分类。

1.按实施阶段分类

按实施阶段可分为进货检验、过程检验及最终检验。

（1）进货检验。进货检验是指对企业采购的原材料、辅料、外购件、外协件和配套件等入库前的接收检验，目的是确保不合格的产品不投产。进货检验包括首批样品检验和成批进货检验两种方式。

1）首批样品检验是指企业对已经选定或准备选定的合同供货单位第一次提供的一件或一批样品进行的鉴定性检验。

2）成批进货检验是指在正常生产情况下，对与企业有合同或合作关系的供货方按购销合同规定持续性的成批供货进行的进厂检验。

（2）过程检验。过程检验又称工序检验，是指对原材料投产后陆续形成成品之前的每道工序上的在制品所做的符合性检验，目的是防止出现大批不合格品并防止其流入后续工序继续加工，确保不合格的产品不转序，所以过程检验不仅要检验在制品的质量状况，还要对影响产品质量的工序因素进行检验，以判断生产过程是否处于正常的稳定状态，过程能力是否达到规定要求。

过程检验包括首件检验、巡回检验及末件检验三种方式。

（3）最终检验。最终检验在产品已按要求圆满完成、交付给顾客之前实施，目的是确保不合格的产品不交付。最终检验包括完工检验和成品验收检验。

1）完工检验是对全部加工活动结束后的半成品或完工的产品进行检验。

2）成品验收检验是指将经过完工检验的零部件组装成成品（或完成大型成套产品各部套的生产）后，以验收为目的的产品检验。它是产品出厂前的最后一道质量防线和关口，必须严格按有关程序进行，确保出厂产品的质量，避免给用户造成重大损失。

2. 按检验数量分类

按检验数量通常分为全数检验和抽样检验。

（1）全数检验。全数检验指对产品中的每个单位产品逐个进行检验，分别做出合格与否的结论。全数检验具有工作量大、周期长、成本高、占用的检验人员和设备较多、不能应用于破坏性检验等局限性。由于上述局限性，在质量检验中，如无必要一般不采用全数检验的方式。全数检验常用于下述场合：

1）精度要求较高的产品和零部件。

2）对后续工序影响较大的质量项目。

3）质量不太稳定的工序。

4）需要对不合格交验批进行100%重检及筛选。

实际操作中，有些产品的关键特性一次检验难以确认合格与否，需要进行多次复检。

（2）抽样检验。抽样检验指按照数理统计原理预先设计的抽样方案，从待检总体（一批产品、一个生产过程等）取得一个随机样本，对样本中每一个体逐一进行检验，获得质量特性值的样本统计值，并和相应的标准比较，从而对总体质量作出判断（接收或拒收、受控或失控等）。

3. 按检验对象检验后的状态特征分类

按检验对象检验后的状态特征可划分为破坏性检验和非破坏性检验两种类型。

破坏性检验后，受检物的完整性遭到破坏，不再具有原来的使用功能。例如，寿命试验、强度试验等往往是破坏性检验。破坏性检验只能采用抽样检验方式。随着检验技术的发展，破坏性检验日益减少，非破坏性检验的应用范围在不断扩大。

4. 按检验方法的特征分类

按检验方法特征可分为理化检验和感官检验两种类型。

（1）理化检验。理化检验是应用物理或者化学的方法，依靠量具、仪器及设备装置等对受检物进行检验。理化检验通常测得的是检验项目的具体数值，精度高，人为误差小。理化检验是各种检验方式的主体。随着科学技术的进步，理化检验的技术和装备不断得到改进和发展。例如，过去的破坏性试验有些已用无损检测手段代替，钢材化学成分的快速分析由于光谱分析技术的发展而得以实现等。

（2）感官检验。产品的形状、颜色、气味、伤痕、污损、锈蚀和老化度等质量特性，往往要靠人的感觉器官来进行检查和评价。感官检验的结果往往依赖于检验人员的经验。由于理化检验技术发展的局限性及质量检验问题的多样性，感官检验在某些场合仍然是质量检验方式的一种选择或补充。

5. 按实施能力分类

按实施能力分为被动检验、主动检验和主动质量管理。

（1）被动检验。被动检验一般为质量检验实施能力的初始级。该阶段主要任务是针对外购材料做检验，防止不合格品进入生产线，但因没有全面的数据分析能力和配套的检验检测技术，会存在检验检测不全面、不深入的情况，可能导致不合格品进入生产线。

（2）主动检验。主动检验为质量检验实施能力的发展级。企业开始重视流程优化，通过打通检验检测部门与其他部门、供应商之间的流程关系，逐步建立管理标准，同时推行驻厂检验、第三方检验，通过数据分析和提升检验技术，逐步提高检验水平。

（3）主动质量管理。主动质量管理为质量检验实施能力的领先级。企业从供应链层级规划全面质量管理，对外参与供应商的质量控制过程，对内不断推动检验检测流程的优化，建立全方位的质量预警系统、控制系统。

（三）不同类别产品的质量检验内容

1. 机械类产品质量检验

机械类产品是工业产品的基础，产品用途非常广泛，涉及钢铁、机电、交通、运输、轻工、食品、石化、能源、采矿、冶炼、建材、建筑、环保、医药、卫生、航空、航天、海洋、军工和农业等领域。

机械类产品的特点在于，无论产品尺寸、形状、结构如何变化，都是由若干分散的、不具有独立使用功能的单元或零件组成。该类产品的质量检验内容包括性能、寿命、可信性、可靠性、维修性、保障性、安全性和经济性。

2. 电工电子类产品质量检验

电工电子类产品不仅广泛应用于工业、农业、交通、冶金、电力等国民经济各行业和各部门，也应用于国防和人民的日常生活领域。电工电子产品的质量和技术水平在一定程度上是现代高新技术的集中反映和体现。

电工电子类产品的检验内容主要包括结构要求和性能要求两个方面。结构要求检验可以从外观检查、绝缘电阻和耐压试验三个方面进行。性能要求检验包括工作限值、温升检验、绝缘性检验、工作性能检验、振动和冲击检验、电磁兼容性检验、噪声检验等。

3. 流程性材料质量检验

流程性材料与日常生活、工作、学习及衣、食、住、行的关系极为密切。固态的流程性材料有纸张、纺织品、电线电缆、金属和非金属的板材和线材、冰、面粉、糖、盐等；液态的流程性材料有涂料、蒸馏水、成品燃料油等；气态的流程性材料有氮、氧、天然气等。

流程性材料的质量特性包括物理性能（密度、黏度、粒度、电传导性能等）、化学性能（腐蚀性、抗氧化性、稳定性等）、力学性能（强度、硬度、韧性等）、外观（几何形状、色泽等）。

4. 软件类产品质量检验

从传统观念来看软件的寿命是无限的，没有物理磨耗或耗散，其质量问题与硬件相比具有较特殊的属性。软件质量是反映软件产品满足规定和潜在需求能力的特性的总和，软件质量特性包括功能性、可靠性、易使用性、效率、可维护性。

（四）抽样检验基本概念

抽样检验是相对于全数检验而言的。由于抽样检验具有检验数量少、节约时间和费用、可适用于破坏性试验等特点，因此，产品质量检验中广泛使用的是抽样检验的方法。

1. 抽样检验的概念

（1）抽样检验含义。从一批产品中随机抽取一部分产品作为样本，对样本中的产品全部进行检验，根据样品中不合格品的多少或反映的特性，按事先确定的规则对总体（或批）的质量状况作出判断，这个过程称为抽样检验。

（2）抽样检验特点。抽样检验不是检验批中的全部产品，相对于全数检验，具有如下特点：

1）检验的单位产品数量少、费用少、时间省、成本低。

2）检验对象是一批产品。

3）接收批中可能包含不合格品，不接收批中也可能包含合格品。

4）抽样检验存在两类误判的风险，即存在把合格批误判为不合格批，或把不合格批误判为合格批的可能。但从统计检验的原理可知，这两类误判都可以被控制在一定的概率以下。

（3）抽样检验适用场合。

1）破坏性试验，如产品的寿命、材料的强度检验。

2）数量很多、全数检验工作量很大的产品的检验。

3）检验对象是连续体的检验。

4）检验费用比较高的检验。

2. 抽样检验常用术语

（1）单位产品。单位产品是指为实施抽样检验而划分的基本产品单位。有的单位产品可以自然划分，如电视机、电冰箱等。对不可自然划分的单位产品，如铁液、布匹等，必须根据具体情况给出单位产品的定义，如 1L 自来水、1m 布、10m 布等。

（2）批和批量。批是指在一致条件下生产或按规定方式汇总起来的一定数量的单位产品。如生产批、检验批等。批量是指一批产品中所包括的单位产品的总数，一般用 N 表示。

（3）样本和样本量。样本是指从一批产品中抽取的单位产品的集合。样本量即样本大小，是指样本中所包含的单位产品数，一般用 n 表示。

（4）不合格和不合格品。产品一般有多个质量特性，不合格是指单位产品的任意一个质量特性不满足规范要求。包含一个或多个不合格项的产品称为不合格品。

（5）合格判定数和不合格判定数。合格判定数是指做出批合格判断时样本中所允许的最大不合格数，常被记作 Ac。不合格判定数是指做出批不合格判断时样本中的最小不合格数，常被称为 Re。

（6）抽样方案。抽样方案也叫抽样检验方案，是指为实施抽样检验而确定的样本容量 n 和一组有关接收与否的准则，通常用（n，Ac）或（n，Ac，Re）表示。在实际操作过程中，用样本的不合格数 d 与规定的合格判定数 Ac 和不合格判定数 Re 比较，

如果 $d \leqslant Ac$，则认为该批产品为合格批；若 $d \geqslant Re$，则认为该批产品为不合格批。

实施抽样检验时，抽样方案对优质批和劣质批的判断能力极为关键，抽样方案的判别能力可以用接收概率（详见二维码）、抽检特性曲线和两类错判风险来衡量。具体参照抽样检验相关国家标准设计抽样检验方案。

（7）批不合格率 p 和过程不合格率 $\overline{p}$。批不合格率是批中不合格品数 D 与整个批量 N 的比率，一般用百分数来表示，即 $p = D/N$。

过程平均不合格率是指批产品的平均不合格率，用 $\overline{p}$ 来表示。$\overline{p}$ 可以用这些批产品的样本抽验结果来估计。设共有 k 批产品，从每批产品中抽取的随机样本的大小依次为 $n_1, n_2, \cdots, n_k$；其中的不合格品数依次为 $d_1, d_2, \cdots, d_k$。则

$$\overline{p} = (d_1 + d_2 + \cdots d_k) / (n_1 + n_2 + \cdots n_k)$$

为了使上式成为 $\overline{p}$ 真值的良好估计，必须注意三个问题：①生产过程必须稳定，保证 k 个连续交验批具有相同的质量水平；②k 个随机样本中的不合格数是首次检验的结果，如经过返工或挑拣，则其中的不合格品数不能反映交验产品的整体质量的真实水平；③用于计算过程平均数的批数必须足够多，通常不应少于 20 批。一般来说，批数越多，检验的单位产品数越多，对产品质量水平的估计就越可靠。

3. 抽样检验分类

（1）按检验特性值的属性不同分类。抽样检验根据检验特性值的属性不同可以分为计数型抽样检验和计量型抽样检验。

1）计数型抽样检验：包括计件抽样检验和计点抽样检验。计件抽样检验是根据被检验样本中的产品是否接收，进而推断整批产品是否接收的活动。计点抽样检验是根据被检验样本中的产品包含不合格数的多少来推断整批产品是否接收的活动。

2）计量型抽样检验：指通过测量被检验样本中的产品质量特性的具体数值并与标准进行比较来推断整批产品是否接收的活动。

（2）按抽取次数分类。根据抽取次数可分为一次抽样检验、二次抽样检验、多次抽样检验和序贯抽样检验。

1）一次抽样检验：从检验批中只抽取一次样本即可对该批产品作出是否接收判定的抽样方式。

2）二次抽样检验：从检验批中最多抽取两次样本，最终对该批产品作出是否接收判定的抽样方式。它根据第一个样本提供的信息，决定是否抽取第二个样本。从操作的方便程度和鉴别能力来看，二次抽样方案比较适中，应用较广。

3）多次抽样检验：从检验批中抽取两次以上样本，最终对该批产品作出是否接收判定的抽样方式。是否需抽取更多样本由已抽取样本所提供的信息而定。

4）序贯抽样检验：不限抽样次数，但每次只抽取一个单位产品，直至按规则作出判断为止。属于极端的无限次抽样，适合于破坏性检验。

（3）按实施方式分类。

1）标准型抽样方案：在同时考虑生产方和接收方风险的情况下，对孤立批所进行的一种抽样方法。

2）挑选型抽样方案：经过挑选以保证产品质量的检验方式。对经检验判为合格的批，只需替换样本中的不合格品；而对于经检验判为拒收的批，必须全检，并将所有不合格品替换成合格品。

3）调整型抽样方案：根据供方产品的质量好坏来调整检验的宽严程度，一般分为正常检验、加严检验和放宽检验。

4. 抽样方法

从总体中抽取样本时，为尽量代表总体质量水平，最重要的原则是不能存在偏好，即应用随机抽样法来抽取样本。依此原则，抽样方法包括简单随机抽样、系统抽样、分层抽样和整群抽样。

（1）简单随机抽样。一般来说，若一批产品共有 N 件，其中任意 n 件产品都有同样的可能性被抽到，这种方法称为简单随机抽样。如抽奖时摇奖的方法就是一种简单随机抽样。简单随机抽样时须注意不能有意识抽好的或差的，或为了方便只抽表面摆放或容易取得的。

（2）系统抽样。系统抽样又叫等距抽样法或机械抽样法，是每隔一定时间或一定编号进行一次抽样，而每一次又是从一定时间间隔内生产出的产品或一段编号产品中任意抽取一个或几个样本的方法。它主要用于无法知道总体的确切数量的场合（如每个班次的确切产量），多见于流水生产线产品的抽样。

（3）分层抽样。分层抽样是针对同类产品有不同的加工设备、不同的操作者、不同的操作方法时对其质量进行评价的一种抽样方法。它是先根据不同的生产条件将产品分成若干层，在每层按生产比例抽取若干样本进行检验，此类方法多见于采用模块结构化生产线所生产的产品。

（4）整群抽样。整群抽样法又叫集团抽样，它是将总体分成许多群，每个群由个体按一定的方式结合而成，然后随机抽取若干群，并由这些群中的所有个体组成样本。

二、质量检验主要管理措施

常见的企业微观质量检验管理措施包括制定检验计划、标识与追溯管理、实施不合格品管理。

（一）制定检验计划

质量检验计划是指以书面的形式对检验工作所涉及的总体和具体的检验活动、程序、资源等做出的规范化安排，以便于指导检验活动，使其有条不紊地进行。目的在于科学经济地组织检验活动，合理设计检验流程图和设置检验点，统筹安排检验力量和手段，避免漏检和重复检验，使检验工作科学化、条理化和标准化。

制定质量检验计划包括：①编制检验流程图，确定适合作业特点的检验程序；②合理设置检验站、点（组）；③编制产品及组成部分（如主要零部件）的质量特性分析表，编制产品不合格严重性分级表；④对关键的和重要的产品组成部分（如零部件）编制检验规程（检验指导书、细则或检验卡片）；⑤编制检验手册；⑥选择适宜的检验方式、方法；⑦编制测量工具、仪器设备明细表，提出补充仪器设备及测量工具的计划；⑧确定检验人员的组织形式、培训计划和资格认定方式，明确检验人员的岗位工作任务和职责等。其中，对于不能满足预期使用要求的质量缺陷，在质量特性重要度、偏离规范程度以及对产品适用性的影响程度上存在差别。对质量缺陷实施严重性分级有利于检验质量职能的有效发挥和质量管理综合效能的提高。检验用产品质量缺陷严重性分级原则模式见表1-2。

表1-2　　　　　　　　　检验用产品质量缺陷严重性分级原则模式

缺陷级别 涉及方面	致命缺陷（A）	严重缺陷（B）	一般缺陷（C）	轻微缺陷（D）
安全性	影响安全	不涉及	不涉及	不涉及
运转或运行	会引起难于纠正的 非正常情况	可能引起易于纠正的 非正常情况	不会影响运转或运行	不涉及
寿命	会影响寿命	可能影响寿命	不影响	不涉及
可靠性	必然会造成产品故障	可能会引起易于修复的 故障	不会成为故障的起因	不涉及
装配	—	肯定会造成装配困难	可能会影响顺利装配	不涉及
使用安装	会造成产品安装困难	可能会影响产品顺利安装	不涉及	不涉及
外观	—	使产品外观难于接受	对产品外观影响较大	对产品外观 有影响
下道工序	肯定造成下道工序的混乱	给下道工序造成较大困难	对下道工序影响较大	可能对下道工序 有影响
处理权限	总质量师	检验负责人	检验工程师	检验站、组长
检验严格性	100%严格检验，加严检验	严格检验，正常检验	一般正常检验， 抽样检验	抽样检验， 放宽检验

（二）标识与追溯管理

ISO 9001：2015 中的 8.5.2 条对标识和可追溯性做了明确的规定。进行产品标识和质量追溯管理的目的主要有两个方面：①便于标识产品，防止混料、误发和误用；②便于通过产品标识及其相关记录实现产品质量追溯。

产品标识的对象包括原材料、辅料、零部件的半成品和成品及产成品。因此，产品标识的对象涉及进货、加工、装配、包装、交付等产品生产物流的全部过程。

产品标识的方法和要求如下：①产品标识的内容一般有产品的型号、件名、名称、规格和厂名、商标等，对于大批量的产品，可以用批次号、生产的日历日期等；②产品标识的形式一般有粘贴标签、挂标牌、打钢印、记号笔手写、喷墨射印、电笔刻蚀和条形码等，也可采用随行文件（如流转单）的方式；③产品标识的部位一般有产品上、包装上、料架上、专用推车上、工位器具上和座位上等；④产品标识必须正确、清晰、牢固。当产品标识在加工过程中被破坏时，应做好标识移植。

（三）实施不合格品管理

在质量检验工作中，对可疑的不合格品或生产批，必须认真加以鉴别，对确实不符合要求的产品必须确定为不合格品。同时坚持质量检验的"三不放过"原则，即：不查清不合格原因不放过，不查清责任者不放过，不落实改进措施不放过。

对于不合格品本身，应根据不合格品管理程序及时进行标识、记录、评价、隔离和处理。对不合格品（产品、原材料、零部件等）应由指定机构负责评审，评审后对不合格品可以做出如下的处置：

1）返工（rework）：通过再加工或其他措施使不合格品完全符合规定的要求；

2）返修（repaire）：对其采取补救措施后，仍不能完全符合质量要求，但能基本上满足使用要求，判为让步回用品；

3）让步（concession）：不合格程度轻微，不需采取返修补救措施，仍能满足预期使用要求，而被直接让步接收回用；

4）降级（regrade）：根据实际质量水平降低不合格品的产品质量等级或作为处理品降价出售；

5）报废（scrap）：如不能采取上述种种处置时，做报废处理。

不合格品的管理不但包括对不合格品本身的管理，还包括对出现不合格产品的生产过程的管理。当生产过程的某个阶段出现不合格品时，绝不允许对其做进一步的加工。如果是生产过程失控造成，则在采取纠正措施前，应该停止生产过程，以免产生更多的不合格品。根据产品和质量缺陷的性质，可能还需对已生产的本批次产品进行全面复查全检。

三、质量检验策划和实施

（一）质量检验的策划

检验是一个比较复杂的过程，尤其当产品结构复杂、系统众多、安全性和可靠性要求较高时。为此企业应综合考虑产品类型、过程特点、人员素质、以往质量水平、测量设备的能力、检验自动化和数据处理信息化的程度等情况，对质量检验活动实施策划，作出安排。策划的结果可根据需要形成下列文件。

1. 检验计划

检验计划是就特定产品规定检验程序及所需检验资源的文件。检验计划包括检验流程、检验点的设置、检验方式、接收准则、测量和试验设备、检验员的安排及新产品检验技术培训等。接收准则包括产品质量标准和其他技术要求及抽样方案等。

2. 检验程序

程序文件是规定检验活动和检验过程的途径，是为控制可能影响质量的各种因素制定的文件。例如进货检验程序、工序检验程序、成品检验程序和安装检验程序等。

它的内容包括何时、由何人提交、由何岗位、依据什么、检验什么、作何结论、形成何记录、作何标识等。对于重要、复杂或大型产品的试验，需建立试验程序，规定试验过程。

3. 检验指导书

检验指导书是规定检验及试验方法的文件。对于从事重要和较复杂检验工作的检验点及产品试验点，一般需要建立和保持本类文件。检验指导书包括检验对象、被检特性、特性要求、检测方法、检测手段、抽样方案和注意要点，以及记录和标识方法等。对于试验用的指导书，一般还包括试验条件、试验准备、试验步骤和试验报告等。检验指导书也可采用检查表的形式。

4. 检验表格

检验表格是供记载检验及试验结果的文件，栏目包括检验对象、被检特性、特性要求、检测数据、检验结论、检验者和日期等。试验报告还包括试验条件、试验设备、试验时间、数据处理和参加者，以及必需的附件（如示意图、照片、仪器自动记录等）。

上述文件均由从事检验管理的人员编制，现场工人和检验员必须理解相关的内容。

（二）质量检验的实施

1. 质量检验的准备过程

在进行检验之前，通常需要做好相应的准备。具体的准备工作如下：

（1）技术准备。准备所有与本项检查有关的作为检验工作依据的文件，如检验指导书、检查表、记录表格、图样、工艺文件、试验程序和技术标准等，了解这些文件规定的各项要求和方法，理解产品特性不合格对下道工序、产品和成本的影响，掌握检验要点。

（2）物质准备。准备各类检验用物品、器材和设备及其他物质条件，如测量设备、检验印章、标志标签、照明灯具和放大器。在实验室试验的，应准备符合条件的工作环境；在室外试验的，应选择符合要求的空域、地域或水域，以及相应的气象条件等。在检验及试验前，对测量设备，包括测量装置、信号源、计量器具、测量软件、标准品和对比参照物等，应验证其有效性和测量准确度是否符合要求；对检验及试验的环境条件也应通过测量确认其符合性。

2. 质量检验的操作过程

检验过程可以是自动的、人工的或人机结合的，一般过程如下：

（1）理解质量要求。检验者在检验时首先要理解质量要求、接收准则和抽样方案，明确其中含糊不清的问题。有些产品的质量特性除标准要求之外，还有允许偏离该标准要求的书面规定。该规定称为偏差许可，即凡在偏差许可范围内的也作合格论，但均限定用途、数量和期限。

（2）检测。检验者通过感官及辅助器具（如放大器、对比参照物等），或使用测量设备和所需的试验设备，按检验计划和程序以及检验指导书和检查表的规定，对全部产品或抽取的样品检查和测量其产品特性。产品试验时应全程监视和观察，记录各项试验的结果。

（3）比较。将检测结果与接收准则比较，鉴别各特性与接收准则的符合程度。

（4）判断。根据比较结果，判断被检产品的符合性。符合要求的，判断为合格；不符合要求的，判断为不合格。建立产品质量等级标准的，还需按照标准评级，如一级品、二级品等；属于抽样检验的，按抽样方案判断产品批是否合格。

（5）记录。按程序规定，将检测数据和检验结论及日期记录于表格并签章；凡有产品随行文件的，如工艺流程卡，一般要在该文件注明合格与否；属试验项目的，需整理数据，出具试验报告。

（6）标识。对被检产品作检验状态标识，即合格与不合格的标识。标识的形式可以采用做标记、贴标签、挂标牌、随行文件标识等。

3．检验后的活动过程

（1）质量合格证明。产品经最终检验合格后，应出具合格证明。对于简单产品，可在产品本体、铭牌或包装上盖章、打钢印、贴合格标签、封印或挂合格证等，这些工作由现场工人或检验员承担；对于复杂产品，尤其是大型产品，需编制质量证明书，必要时还可包括详尽的检测数据，这些工作由检验部门的管理人员承担。

（2）不合格品控制。质量检验鉴别了产品的符合性。除合格品可转序、入库或交付之外，对不合格品应按程序予以控制。不合格品控制的目的是防止其非预期流转、使用或交付。不合格品控制的过程包括标识、记录不合格状况、隔离、评审并记录评审结论，以及按评审结论处置。

不合格品评审活动的属性与检验不同：质量检验属符合性判定；不合格品评审属适用性判定，即判定产品是否符合使用的要求，做出可用或不可用的结论。可用的结论包括返工、返修或让步接收等；不可用的结论包括报废、拒收或退回供方等。不合格品评审是一项技术性很强的工作，由程序规定的授权人员实行。由于不合格品中的不合格特性的重要性程度及其偏离标准的程度不同，大多数组织采用分级评审的方法，规定某些轻微的不合格品、返工品和低值的明显的废品以及已规定返修方法及其接收准则的不合格品，可以授权现场工人和检验员评审，直接决定处置以提高效率。在不合格品的处置中，凡作返工或返修的，后续都需要重新检验。

第四节　政策、法律法规及相关制度

质量问题事关经济转型发展，事关人民切身利益，事关国家形象和综合实力。为建设质量强国，全面提高质量水平，中国制定出台了一系列政策、法律法规，确立了相关制度，制定了一系列关于质量检验、设备监理等质量监督的标准（详见二维码）。本节就中国质量监督相关政策、法律法规、制度及相关标准做简要介绍。

一、质量监督相关政策、法律法规及制度

（一）政策

为统筹推进质量强国建设，全面提高中国质量总体水平，1996 年国务院印发了《质量振兴纲要（1996 年—2010 年）》，2012 年国务院印发了《质量发展纲要（2011—2020 年）》，2023 年中共中央、国务院印发了《质量强国建设纲要》，先后三份文件体现了中国质量建设理念不断创新，质量内涵不断丰富，在不同时期为中国质量建设和质量监督指明了方向、目标和发展路径。

《质量振兴纲要（1996 年—2010 年）》指出了中国质量建设的重点任务：增强全民质量意识，提高劳动者素质；加强管理与政策引导；加强法制建设，强化执法监督力度；健全市场质量规则，完善社会监督机制；加强企业基础工作，严格内部质量管理。

《质量发展纲要（2011—2020 年）》指出中国质量建设的重点任务：强化企业质量主体作用，加强质量监督管理，创新质量发展机制，优化质量发展环境，夯实质量发展基础，实施质量提升工程。

《质量强国建设纲要》对质量强国战略进行了全景式顶层设计，确立了新时期质量工作的新方位，指出新时期中国质量建设的重点工作：推动经济质量效益型发展，增强产业质量竞争力，加快产品质量提档升级，提升建设工程品质，增加优质服务供给，提高企业质量和品牌发展能力，构建高水平质量基础设施，推进质量治理现代化。其中，优化质量监管效能、推动质量社会共治是推进质量治理现代化工作的重要方面。

（二）法律法规

1.《中华人民共和国产品质量法》的颁布及意义

《中华人民共和国产品质量法》（简称《产品质量法》）在 1993 年 2 月 22 日第七届全国人民代表大会常务委员会第三十次会议审议通过，同日以中华人民共和国主席令第七十一号公布，并于 1993 年 9 月 1 日起施行。此后，分别于 2000、2009、2018年进行了三次修正。

《产品质量法》的颁布是中国经济生活中的一件大事，标志着中国产品质量工作进一步走上了法制管理的轨道。《产品质量法》遵循了"统一立法、区别管理，标本兼治、突出重点，扶优治劣、建立机制，立足国情、借鉴国外"的基本原则。

《产品质量法》是一部内容比较系统、完整的法规，是中国加强对产品质量的监督管理、提高产品质量水平、明确产品质量责任、保护用户和消费者的合法权益、维护社会主义经济秩序的产品质量基本法。

2.《产品质量法》的内容体系

产品质量监督管理和产品质量责任是产品质量法的基本内容。《产品质量法》共分六章，包括七十四条条款。

第一章，总则，共十一条，主要规定了立法宗旨和法律调整范围，明确了各级人民政府在质量工作中的责任。明确了产品质量的主体，即在中华人民共和国境内（包括领土和领海）从事生产销售活动的生产者和销售者，必须遵守此法。国家有关部门利用此法调整其活动的权利、义务和责任关系。

第二章，产品质量的监督，共十四条，主要规定了两项宏观管理制度：①企业质量体系认证和产品质量认证制度；②对产品质量的检查监督制度。

第三章，规定生产者和销售者的产品质量责任和义务，共十四条。

第四章，损害赔偿，共九条，主要规定了因产品存在一般质量问题和因产品存在缺陷造成损害引起的民事纠纷的处理及渠道。

第五章，罚则，共二十四条。

第六章，附则，共两条，规定了军工产品的质量监督管理由中央军委及有关部门另行制定办法，以及本法正式的实施日期。

3. 其他质量相关法律法规及相互之间的关系

除了作为母法的《产品质量法》外，中国还颁布了一系列与质量相关的法律、行政法规、地方性法规、规章等，主要有《中华人民共和国计量法》《中华人民共和国标准化法》《中华人民共和国进出口商品检验法》《中华人民共和国反不正当竞争法》《中华人民共和国消费者权益保护法》《中华人民共和国仲裁法》《中华人民共和国合同法》《中华人民共和国商标法》《中华人民共和国广告法》《中华人民共和国食品安全法》《中华人民共和国药品管理法》《中华人民共和国民法通则》《中华人民共和国行政诉讼法》《中华人民共和国民事诉讼法》《中华人民共和国刑法》《中华人民共和国工业产品生产许可证管理条例》《特种设备安全监察条例》《强制性产品认证管理规定》等。

质量相关法律法规之间一般遵循以下关系：①《产品质量法》高于质量相关行政法规、部门规章、地方性法规、地方性规章，质量相关行政法规高于部门规章、地方性法规、地方性规章；②一般法与特别法有不同规定时，适用特别法的规定；特别法没有规定的，适用一般法的规定；③后法优于前法，当有不一致的规定的，适用后法的规定，不适用前法的规定；④当有原则规定和具体规定时，应在遵循原则规定的前提下适用具体规定。

（三）制度

根据《产品质量法》《中华人民共和国计量法》《中华人民共和国工业产品生产许可证管理条例》《中华人民共和国特种设备安全监察条例》《中华人民共和国强制性产品认证管理规定》等法律法规要求，中国实行以下质量监督管理制度。

1. 监督检查制度

《产品质量法》第十五条规定，国家对产品质量实行以抽查为主要方式的监督检查制度，对可能危及人体健康和人身、财产安全的产品，影响国计民生的重要工业产品，以及消费者、有关组织反映有质量问题的产品进行抽查。样品应当在市场上或者企业成品仓库内的待销产品中随机抽取。

2. 质量体系认证制度

《产品质量法》第十四条规定，国家根据国际通用的质量管理标准，推行企业质量体系认证制度。企业根据自愿原则可以向国务院市场监督管理部门认可的或者国务院市场监督管理部门授权的部门认可的认证机构申请企业质量体系认证。经认证合格的，由认证机构颁发企业质量体系认证证书。

3．产品质量认证制度

《产品质量法》第十四条规定，国家参照国际先进的产品标准和技术要求，推行产品质量认证制度。企业根据自愿原则可以向国务院市场监督管理部门认可的或者国务院市场监督管理部门授权的部门认可的认证机构申请产品质量认证。经认证合格的，由认证机构颁发产品质量认证证书，准许企业在产品或者其包装上使用产品质量认证标志。

4．许可证制度

许可证制度包括工业产品生产许可、强制性产品认证（China Compulsory Certification，CCC）、食品卫生许可、药品许可等制度。

工业产品生产许可制度管理的产品包括直接关系人体健康的加工食品、可能危及人身财产安全的产品、关系金融安全和通信质量安全的产品、保障劳动安全的产品、影响生产安全和公共安全的产品及法律行政法规要求实行生产许可证管理的其他产品6类。其中，影响生产安全、公共安全的产品包括电力铁塔、桥梁支座、铁路工业产品、水工金属结构、危险化学品及其包装物、容器等种类。

中国的强制性产品认证制度于2001年12月3日对外发布，首批必须通过强制性认证的产品共有19大类132种，主要包括电线电缆、低压电器、信息技术设备、安全玻璃、消防产品、机动车辆轮胎、乳胶制品、医疗器械产品等。强制性产品认证制度与工业产品生产许可证制度均是国家采用市场准入的方式对涉及公共安全和人体健康、人身财产安全的产品质量实施有效控制，两者相辅相成，互为补充。但也有一些区别，两者管理的产品没有交叉，即实施强制认证制度的产品不实施工业产品生产许可证管理。

食品卫生许可制度包括食品生产经营许可制度、食品添加剂生产许可制度。药品许可制度包括药品上市许可持有人制度、药品生产许可（从事药品生产活动应取得药品生产许可证）、药品经营许可（从事药品批发活动应取得药品经营许可证）。

5．新产品监督管理制度

根据《中华人民共和国计量法》《中华人民共和国食品安全法》《中华人民共和国药品管理法》的规定，中国实行的新产品监督管理包括新药监督管理制度、食品新品种监督管理制度、计量器具新产品监督管理制度。

6．特种设备安全监察制度

特种设备指涉及生命安全、危险性较大的锅炉、压力容器（含气瓶）、压力管道、电梯、起重机械、客运索道、大型游乐设施和场（厂）内专用机动车辆。《特种设备安全监察条例》对特种设备的生产（含设计、制造、安装、改造、维修）、使用、检验检测、监督检查、事故预防和调查处理、法律责任都作出了明确规定，可以说是当今监管最严格的一种产品质量监督制度（《特种设备安全监察条例》对军事装备、核设施、航空航天器、铁路机车、海上设施和船舶及矿山井下使用的特种设备、民用机场专用设备的安全监察不适用，对于这些设备另有规定）。

二、设备监理相关法律法规及制度

（一）法律法规

自 1996 年，国务院发布《质量振兴纲要》，提出"对重点建设项目中的成套设备，在项目法人责任制的基础上，建立设备监理制度"；此后，原国家质检总局、市场监管总局与国务院有关部门制定并发布了一系列与设备监理相关的部门规章，包括《设备监理管理暂行办法》《设备监理单位资格管理办法》《设备监理师职业资格制度规定》等。其中，《设备监理单位资格管理办法》于 2002 年印发，2016 年已取消设备监理单位资格证书核发，设备监理单位转为行业自律管理。2017 年 4 月，中国设备监理协会发布了《设备监理单位行业管理规范》（2017 年修订版）；2020 年 12 月，发布了《中国设备监理协会设备监理单位行业自律管理规范》，替代《设备监理单位行业管理规范》（2017 年修订版）。本书重点介绍《设备监理管理暂行办法》和《设备监理师职业资格制度规定》。

1.《设备监理管理暂行办法》

2001 年，原国家质检总局、原国家发展计划委员会、原国家经济贸易委员会共同发布了《设备监理管理暂行办法》（质检质联〔2001〕174 号），从国家层面对设备监理制度作出了明确规定，标志着中国特色的设备监理制度迈向法制化、规范化、国际化。《设备监理管理暂行办法》共五章二十一条，主要确定了设备监理目的、适用范围、重要设备定义、设备监理定义和监理范围，规范了设备监理活动中的监理招标、监理合同、法人书面通知、合同责任、监理的实施、监理报告和争议处理，明确了监理单位和监理工程师的权利与义务，以及国务院有关主管部门和地方有关部门的管理责任。

2.《设备监理师职业资格制度规定》

2003 年，原国家人事部、原国家质检总局共同发布了《关于印发〈注册设备监理师执业资格制度暂行规定〉〈注册设备监理师执业资格考试实施办法〉〈注册设备监理师执业资格考核认定办法〉的通知》（国人部发〔2003〕40号），从此建立了设备工程监理人员执业准入制度。

2005年1月7日，原国家质检总局发布了《注册设备监理师执业资格注册管理办法》（国质检人〔2005〕50号），明确了注册包括首次注册、延续注册和变更注册，确定了这三类注册的各自申请条件和注册程序，强调了对注册设备监理师的监督管理措施，注册设备监理师注册申请表、变更申请表等表样式以附表形式公布。2007年1月，国家市场监督管理总局发布了《注册设备监理师继续教育暂行规定》（国质检人〔2007〕255号），对继续教育的内容、方式、时间、师资和经费等进行了规定，对继续教育的组织管理和实施提出了要求。

2023年2月13日，市场监管总局、人力资源和社会保障部印发《设备监理师职业资格制度规定》《设备监理师职业资格考试实施办法》（国市监质发〔2023〕13号），自发布之日起实施。文件明确，设备监理师为水平评价类职业资格，通过设备监理师职业资格考试并取得职业资格证书的人员，表明其已具备从事设备监理专业技术岗位工作的职业能力和水平。设备监理师职业资格考试设置《设备监理基础知识和相关法规》《设备工程质量管理与检验》《设备工程项目管理》和《设备监理实务与案例分析》4个科目，实行全国统一组织、统一大纲、统一命题、统一考试。原《关于印发〈注册设备监理师执业资格制度暂行规定〉〈注册设备监理师执业资格考试实施办法〉〈注册设备监理师执业资格考核认定办法〉的通知》（国人部发〔2003〕40号）同时废止。

（二）制度

国务院于1996年12月24日颁布的《质量振兴纲要（1996年—2010年）》中提出，"健全工程项目质量管理制度。工程项目建设中实行项目法人责任制、招标投标制、工程监理制和合同管理制。大中型建设项目和国家重点工程要推行建设监理制度；对重点建设项目中的成套设备，在项目法人责任制的基础上，建立设备监理制度"。这是从国家政策的高度，第一次明确提出"设备监理"的概念，要求建立设备监理制度。

《质量发展纲要（2011—2020）》中提出，"完善生产许可、强制性产品认证、重大设备监理、进出口商品法定检验、特种设备安全监察、登记管理等监管制度。"

2014年，原国家质检总局、国家发展改革委、工业和信息化部联合下发了《质检总局　发展改革委　工业和信息化部关于加强重大设备监理工作的通知》（国质检质联〔2014〕60号）（简称《通知》），并以附件的形式发布了《国家鼓励实施设备监理的重大设备目录（2014年版）》（简称《目录》），包含冶金、电力、石油石化、环保等9大行业35个设备专业89种重大设备或关键设备。《通知》要求加强重大设备监理工作，对政府投资项目、国有企业或者国有控股企业投资建设需要政府核准的投资项目中涉及《目录》的重大设备，应当实施设备监理。《目录》以外的其他投资项目鼓励实施设备监理。

《质量强国建设纲要》中提出，"完善重大工程设备监理制度，保障重大设备质量安全与投资效益。"

三、质量检验相关法律法规及制度

（一）法律法规

为了规范认证认可、检验检测活动，提高产品、服务质量和管理水平，促进经济和社会的高质量发展，中国颁布了《中华人民共和国认证认可条例》《检验检测机构资质认定管理办法》《检验检测机构监督管理办法》《检验检测机构能力验证管理办法》等法规、规章。

1.《中华人民共和国认证认可条例》

《中华人民共和国认证认可条例》由2003年9月3日中华人民共和国国务院令第390号公布，根据2016年2月6日《国务院关于修改部分行政法规的决定》进行第一次修订，根据2020年11月29日《国务院关于修改和废止部分行政法规的决定》进行第二次修订。

该条例是规范认证认可、检验检测活动的唯一单行法规，确立了涉及认证认可、检验检测工作的基本原则、制度体系、监管要求和相关法律权利义务关系，对于规范和促进认证认可、检验检测工作、加强和创新市场监管、营造市场化、法治化、国际化营商环境具有重要意义。

该条例全文共七章七十七条，分别为：第一章总则，共八条；第二章认证机构，共七条；第三章认证，共二十条；第四章认可，共十四条；第五章监督管理，共六条；第六章法律责任，共十八条；第七章附则，共四条。

2.《检验检测机构资质认定管理办法》

《检验检测机构资质认定管理办法》由原国家质量监督检验检疫总局于2015年4月9日颁布，自2015年8月1日起施行。根据2021年4月2日《国家市场监督管理总局关于废止和修改部分规章的决定》进行修改。

《检验检测机构资质认定管理办法》依据《中华人民共和国计量法》及其实施细则、《中华人民共和国认证认可条例》等法律、行政法规的规定制定，其目的是规范检验检测机构资质认定工作，优化准入程序。

该办法全文共五章四十条，分别为：第一章总则，共七条；第二章资质认定条件和程序，共十六条；第三章技术评审管理，共六条；第四章监督检查，共十条；第五章附则，共一条。

3.《检验检测机构监督管理办法》

2021 年 3 月 25 日，国家市场监督管理总局第 5 次局务会议审议通过《检验检测机构监督管理办法》（国家市场监督管理总局第 39 号），该办法于 2021 年 4 月 8 日颁布，自 2021 年 6 月 1 日起施行。

《检验检测机构监督管理办法》是为了加强检验检测机构监督管理工作，规范检验检测机构从业行为，营造公平有序的检验检测市场环境，依照《中华人民共和国计量法》及其实施细则、《中华人民共和国认证认可条例》等法律、行政法规制定的办法，全文共二十八条。

4.《检验检测机构能力验证管理办法》

2023 年 3 月 1 日，国家市场监督管理总局第 4 次局务会议通过《检验检测机构能力验证管理办法》，该办法于 2023 年 3 月 27 日颁布，自颁布之日起施行。《实验室能力验证实施办法》（国家认证认可监督管理委员会 2006 年第 9 号公告）同时废止。

该办法依照《检验检测机构资质认定管理办法》《检验检测机构监督管理办法》等有关规定制定，目的是规范市场监督管理部门组织开展的检验检测机构能力验证工作，加强检验检测机构事中事后监督管理，督促检验检测机构落实主体责任，保证其技术能力持续符合资质认定条件和要求。

该办法全文共四章二十六条，分别为第一章总则，共五条；第二章能力验证组织与实施，共十二条；第三章能力验证结果处理与使用，共七条；第四章附则，共二条。

（二）制度

1. 国家质量检验制度

《产品质量法》规定：国家对产品质量实行以抽查为主要方式的监督检查制度。根据监督抽查的需要，可以对产品进行检验。对依法进行的产品质量监督检查，生产者、销售者不得拒绝。同时规定，产品质量检验机构必须具备相应的检测条件和能力，经省级以上人民政府市场监督管理部门或者其授权的部门考核合格后，方可承担产品质量检验工作。产品质量检验机构、认证机构必须依法按照有关标准，客观、公正地出具检验结果或者认证证明。

2. 企业质量检验主体责任

产品质量检验的主体是企业，检验形式有企业自己检验和委托他人检验两种。

《产品质量法》规定：产品质量应当检验合格，不得以不合格产品冒充合格产品。生产者应当在产品或者其包装上注明采用的产品标准，以产品说明、实物样品等方式标明质量状况。产品或者其包装上的标识必须真实，应有产品质量检验合格证明（裸装食品或裸装产品除外）。

原国家质检总局、工业和信息化部 2010 年印发的《关于生产企业全面落实产品质量安全主体责任的指导意见》（国质检监联〔2010〕631 号）中提出，企业应切实全面落实产品质量安全主体责任，建立完善质量管理体系和检验检测体系。企业应结合实际，完善产品质量检验能力，落实检验检测制度，建立比对试验制度，规范自检行为，确保检验检测数据和报告真实、有效；没有检验能力的，应签订合同委托经资质认定的机构进行检验。企业应建立完善原料进厂查验制度、生产过程质量控制制度、成品出厂检验制度、产品质量追溯制度、售后服务制度。

第二章

国家电网公司供应链质量监督管理体系

党的二十大明确提出，要建设制造强国、质量强国，提升产业链供应链韧性和安全水平。2023 年 2 月，党中央、国务院印发《质量强国建设纲要》，要求着力增强产业质量竞争力，建设完善的质量治理体系。党的二十届三中全会指出，完善维护国家安全体制机制，实现高质量发展和高水平安全良性互动。国家电网公司深入贯彻"质量强国"建设要求，提出"质量强网"发展战略，牢固树立"质量第一"意识，围绕全寿命周期质量管理理念，建立健全具有国网特色的供应链质量监督管理体系，推动电工装备行业全链质量管理数字化、智能化发展，有力保障电网基础设施建设质量，为人民群众生产生活和经济社会发展提供可靠电力供应。

本章首先介绍了供应链质量监督的重要意义和发展历程。其次，介绍了国家电网公司供应链质量监督管理体系的总体架构。最后，简要阐述了国家电网公司供应链质量监督的组织体系、核心业务体系、支撑保障体系。

第一节　国家电网公司供应链质量监督重要意义

电力能源是经济社会发展的基础和动力源泉，"四个革命、一个合作"❶能源安全新战略对持续提升电网装备质量水平提出了更高、更迫切的要求。在此背景下，国家电网公司持续强化电网物资质量监督，对于建设新型电力系统、服务新发展格局、推动产业链的转型升级和保障国家能源安全具有重要意义。

一、落实"质量强国"战略

党中央、国务院将"质量强国"上升到国家战略，要求牢固树立质量第一意识，加强全面质量管理，着力增强产业质量竞争力，着力提高经济质量发展效益。作为服务国计民生的能源骨干企业，国家电网公司在国家经济高质量发展的新阶段必将扛起、扛牢央企责任，发挥保障产业链供应链安全稳定、推动经济高质量发展中的顶梁柱和压舱石作用。

1. 服务新发展格局

党中央、国务院提出，要"加快构建以国内大循环为主体、国内国际双循环相互

---

❶ "四个革命、一个合作"是在 2014 年 6 月 13 日中央财经领导小组第六次会议上提出的能源安全新战略。"四个革命"是指推动能源消费革命，抑制不合理能源消费；推动能源供给革命，建立多元供应体系；推动能源技术革命，带动产业升级；推动能源体制革命，打通能源发展快车道。"一个合作"是指全方位加强国际合作，实现开放条件下能源安全。

促进的新发展格局"，并从全局和战略高度加快建设全国统一大市场。电力是关系国民经济、民生福祉、国家安全的重要领域，电网物资供应链管理是电网运营发展的重要组成部分，做好供应链质量监督管理工作对提高电网工程项目建设水平、促进相关技术进步、确保电网安全稳定运行具有非常重大的意义。优良的供应链质量监督管理能够促进电工装备产业链供应链良性发展，促进电工装备行业全国统一大市场建设，更好地服务"一带一路"发展，为加快构建以国内大循环为主体、国内国际双循环相互促进的新发展格局提供有力支撑。

2. 服务经济社会发展

随着国民经济和社会的快速发展，企业和社会对电力的依赖程度越来越高。电力不仅是关系国计民生、涉及千家万户的基础性、公益性行业，也是连接上游发电侧和下游用户侧的桥梁和纽带。国家电网公司负责统筹国家电力网建设和运营，保障能源供应安全，促进电力市场和电力产业的发展。国家电网公司经营区域覆盖 26 个省（自治区、直辖市），覆盖国土面积的 88% 以上，供电服务人口超过 11 亿，电力保供责任重大。一旦发生电网事故，不仅会给电网企业自身带来重大经济损失，更会造成重大的政治和社会负面影响。电网设备质量是电网安全稳定运行的重要基础，直接关系到国家能源战略安全、电力可靠供应、相关方的切身利益。

3. 落实国家政策法规

党中央始终高度重视质量管理，至 2023 年，全国"质量月"活动已连续开展 45 年。2018 年 12 月，国务院修订《中华人民共和国产品质量法》，明确了产品质量安全监测评估制度、产品质量监督检查制度、产品质量信用监管制度等，并增加了关于重大设备质量监理等相关规定。2023 年 2 月，中共中央、国务院印发了《质量强国建设纲要》，要求：完善重大工程设备监理制度，保障重大设备质量安全与投资效益；完善产品质量监督抽查制度，加强工业品和消费品质量监督检查，推动实现生产流通、线上线下一体化抽查，探索建立全国联动抽查机制，对重点产品实施全国企业抽查全覆盖，强化监督抽查结果处理。国家电网公司作为电网建设运营的责任主体，必须进一步强化质量监督责任担当，坚持好中选优，压实质量监督责任，把牢电网物资入网质量关。

二、保障电网本质安全

电力是现代社会的生命线，电网的安全稳定是满足人民群众美好生活的重要基础要素。持续提升设备全寿命周期质量，提高电网本质安全水平，增强人民群众用电质量的获得感、满足感、幸福感，"为美好生活充电、为美丽中国赋能"是国家电网公司的光荣使命。

1. 服务国家电网公司战略落地

为贯彻落实国家"双碳"工作部署，国家电网公司胸怀"国之大者"，把坚持高质量发展作为新时代的硬道理，加快构建新型电力系统，大力推动中国新能源高质量发展，提高电网对清洁能源的接纳、配置和调控能力。供应链管理是企业经济管理的重要组成部分，国家电网公司作为重资产型企业，电网设备占资产总量的80%以上，电网设备的质量直接关系到公司资产优良状况。加强供应链质量监督管理，能够为国家电网公司的电网建设和经营发展提供高质量物资供给，全方位、全链条支撑电网向能源互联网升级，推进电网高质量发展，走好中国式现代化电力发展之路。

2. 服务新型电力系统建设

构建以新能源为主体的新型电力系统是中国能源电力发展的根本遵循。新型电力系统是以新能源为主体，以"源—网—荷—储"互动与多能互补为支撑，具有清洁低碳、安全可控、灵活高效、智能友好、开放互动基本特征的电力系统。新型电力系统的电网具有高度多元、开放、包容特征，兼容各类电力新技术，满足各种新设备便捷接入需求，支撑各类能源交互转化、新型负荷双向互动，是各能源网络有机互联的链接枢纽。因此，电网的安全性问题更加突出，作为电网建设的物质基础，新型电力系统的发展需要更高质量、更优品质的电网设备。

3. 服务电网安全稳定运行

电网设备是输送电能的载体。近年来，随着能源科学合理调配的不断深入，以及特高压、跨区域电网建设的持续强化，高电压等级、远距离大容量能源输送成为大电网的发展趋势。电压等级的升高、电网规模的扩大、输送容量的增大，提高了对电网可靠性的要求。应用于电网的设备一旦由于质量问题出现故障，将直接影响到电能的可靠传输。加强供应链质量监督管理是保障电网设备质量的核心业务环节，是保障电网安全健康运行的关键环节。供应链质量监督管理体系不健全，将会影响电网安全稳定运行，产生安全风险，甚至造成严重的社会影响。

三、推动电工装备行业高质量发展

1. 提升电工装备产业链供应链韧性和安全水平

党的二十大报告中提出"加快建设现代化经济体系，着力提高全要素生产率，着力提升产业链供应链韧性和安全水平"。中国电工装备制造业数智化转型升级才刚刚起步，标准化、智能化制造占比仍相对较低，电网设备迈向中高端任重道远，必须兼顾自立自强与开放合作，聚焦新一轮科技革命和全球产业变革发展方向，通过创新努力抢占制高点、塑造先发优势、占据关键核心环节，不断补链、强链、组链和造链，确保电工装备产业链供应链韧性安全可靠。国家电网公司建设高质量绿色现代数智供应链，引领产业链供应链高效协同发展，推动构建自主可控的能源电力产业生态，着力提升产业链供应链韧性与安全水平。

2. 推动电工装备行业数智化转型

党中央要求坚持以供给侧结构性改革为主线，加快发展数字经济，推动实体经济和数字经济融合发展，推动互联网、大数据、人工智能同实体经济深度融合，推动制造业加速向数字化、网络化、智能化发展；同时指出，"加快传统制造业数字化、网络化、智能化改造，推动产业链向上下游延伸，形成较为完善的产业链和产业集群"。这一系列新论断、新部署、新要求，为电工装备行业高质量发展指明了前进方向、提供了根本遵循。国家电网公司通过开展供应链质量监督管理，引导厂商做强做优产品，从源头保证质量，推进电工装备产业链向中高端迈进，构建电工装备生态圈互利共赢、高质量发展的新格局。

3. 引导电工装备行业绿色低碳发展

党的二十大要求全面落实绿色发展理念，加快发展方式绿色转型、积极稳妥推进碳达峰碳中和等战略部署。国务院先后发布《做好碳达峰碳中和工作意见》《2030年前碳达峰行动方案》等重要文件。电力行业肩负着绿色低碳转型的重要责任和使命。2022年，国家电网公司制定了《绿色现代数智供应链发展行动方案》，以迭代升级供应链总体架构为着力点，以采购需求导向为切入点，以推动链上企业和业务的专业化协同整合为突破点，加快供应链平台与服务升级、绿色和数智升级。供应链平台由企业级向行业级发展，供应链服务向产业链供应链全过程发展，供应链体系向绿色化数智化创新发展，供应链生态向市场需求主导牵引发展，实现产业链、供应链、创新链、资金链、人才链与价值链融合。

党的二十大明确提出，要建设制造强国、质量强国，提升产业链供应链韧性和安全水平。党中央、国务院印发《质量强国建设纲要》，要求着力增强产业质量竞争力，建设完善的质量治理体系。国家电网公司深入贯彻"质量强国"建设要求，提出"质量强网"发展战略，牢固树立"质量第一"意识，围绕全寿命周期质量管理理念，建立健全具有国网特色的供应链质量监督管理体系，推动电工装备行业全链质量管理的数字化、智能化发展，有力保障电网基础设施建设质量，为人民群众生产生活和经济社会发展提供可靠电力供应。

第二节　供应链质量监督发展历程

自 2002 年 12 月国家电网公司成立以来,供应链质量监督管理发展历经属地管理、集中监管、精益管理、数智化发展四个阶段。

一、属地管理阶段（2002—2006 年）

2001 年，国家质检总局、国家发展计划委员会和国家经济贸易委员会联合印发了《设备监理管理暂行办法》，为设备监造的社会化、专业化、规范化发展奠定了基础。2002 年 12 月，国家电网公司成立，开始实施以自身参与为主的设备监造模式，就地就近聘用电建安装、中试所或制造厂的工程技术人员，组成地区性监造队伍，开展设备监造。

2004 年，国家电网公司下发了《关于加强电力设备监造工作的通知》，明确要求加强电力设备监造工作，并要求建设单位规范质量管理行为，对变压器、电抗器、断路器实行第三方监造，明确了监造组织、责任划分和工作要求，是国家电网公司在当时环境下关于物资质量管理的第一份重要文件。

二、集中监管阶段（2007—2011 年）

2007—2010 年，国家电网公司确立了集中监造原则，制定了统一的管理标准和作业规范，为后来开展供应商产品质量监督工作奠定了坚实的管理和技术基础。为了发挥规模优势，整合监造资源、提高监造效率，自 2007 年开始，对集中规模招标采购的 220kV 及以上电压等级的变压器、电抗器、断路器、组合电器四类主要设备，以及直流工程的换流变压器、平波电抗器、换流器、控制保护等主要设备供应商采用竞争性谈判的采购模式选择驻厂监造单位，由国家电网公司进行集中管理。

2010 年后，随着物资集约化管理的进一步深入，提出了对招标采购产品的质量监督，工作方式也由监造为主、抽检为辅向两者并行方式发展。新模式下进一步强化主设备的监造，对各类设备由各单位开展抽检，实现对采购物资质量管理的全覆盖，形成了以各所属单位为主体、直属单位作为支撑的质量管理及实施体系。此阶段，国家电网公司的物资质量监督主要采取抽检和监造两种形式，同时在安装、调试及运行阶段对电网物资进行质量监督。

2011 年 4 月，国家电网公司下发文件，规定对设备工艺复杂、重要程度高的产品实施监造，对其他产品实施关键点见证或抽样检测，不仅扩大了产品质量监督的范围，还提高了监造工作的针对性，保证了监造的效果。

三、精益管理阶段（2012—2019 年）

2012 年，国家电网公司全面实施物资集约化管理，加强物资管理基础建设，推进物资标准化工作。质量监督专业进一步优化组织体系，提升物资监造、抽检管理水平。

2017 年，国家电网公司下发《电网物资质量检测能力标准化建设导则（试行）》《电网物资质量检测能力评价细则》，提出利用三年时间，构建国家电网公司总部、省公司、地市（县）公司三级质量检测体系。

此阶段，通过强化物资专业与各部门的横向配合、与各层级的纵向贯通、与社会质量监督机构的沟通互动，形成了"横向到边、纵向到底、内外互动"的物资质量管理网络，全面落实业主单位质量监督、供应商质量保证的主体责任，坚持信息沟通、工作互动、闭环管控，确保物资质量工作有效开展、质量保证作用充分发挥、质量信息反馈机制高效运行，提高采购物资质量水平。

四、数智化发展阶段（2020 年以后）

2020 年 4 月，国家电网公司下发《"检储配"一体化基地标准化建设指导意见》，提出检测设备智能化、自动化的建设方向，要求充分运用现代智慧供应链全景质控建设成果，推进无纸化检测。在验收评价标准中，对"检储配"一体化❶基地柔性检测系统、万能检测工位、自动化制样设备、检测业务信息系统等作了详细要求。

---

❶ "检储配"即物资检测、仓储和配送。在物资仓库就地或就近建设物资质量检测中心，建立"检储配"一体化基地。

2022 年以来，国家电网公司启动绿色现代数智供应链建设，深化质量抽检全程在线透明管控，实现检测全程线上化管控，检测数据线上不落地传输。

2022 年 3 月，国家电网公司下发《云监造工作规范》，补充和完善现有设备监造体系，提升设备监造规范化、数字化、智能化水平。同时，建立设备全寿命周期质量信息数据库，实施各类试验报告等抽检数据、监造数据的结构化、标准化改造。拓展第三方检测数据直连，逐步实现从单点单个样品检测数据向全网质控体系大数据精细量化分析转变。

第三节　供应链质量监督管理体系构建

国家电网公司供应链质量监督管理体系，既包含采购物资的驻厂监造、云监造、抽检，又包含与内部专业部门和外部供应商的质量协同管控。体系依托"云大物移智链边"❶等数字技术手段，在供应链各环节优化调整质量监督管理业务及工作流程，积极开展质量监督理论创新及标准体系建设，实现对设备全寿命周期的全面质量管理，推动质量变革创新，引领电工装备行业高质量发展。

一、总体思路

深入贯彻党的二十大精神和党的二十届三中全会精神，认真落实中共中央、国务院印发的《质量强国建设纲要》，围绕国家电网公司和电网高质量发展战略部署，以绿色现代数智供应链建设为中心，以全寿命周期质量管理理念为引领，压实"两个责任"，深化"两个转型"，夯实"三个基础"，全面提升质量监督管理工作质效。

（一）压实、把牢"两个责任"

国家电网公司贯彻落实市场监管总局、国务院国资委、国家能源局《全面加强电力设备产品质量安全治理工作的指导意见》（国市监质监发〔2022〕42 号）工作部署，全面落实企业质量安全主体责任，持续压实把牢供应商产品质量保证主体责任和电网设备质量把关监督责任，牢牢守住电力设备产品质量安全底线，大力推进电力设备领域治理能力现代化，推动电力设备质量提档升级。

---

❶ "云大物移智链边"：云计算、大数据、物联网、移动互联网、人工智能、区块链、边缘计算。

1. 供应商质量保证主体责任

供应商是电力设备产品的生产者，负有产品质量保证主体责任。国家电网公司建立供应商产品制造体系评估机制，多维量化、动态评价供应商产品质量保证能力，推动质量监督向产品制造质量保证体系评估延伸，引导供应商建立产品质量安全管理体系，完善企业内部产品质量管理机构，制定并落实企业产品质量安全责任管理制度，实施产品质量安全风险监控，严格按照国家法律法规、产业政策及产品标准组织生产，严把原材料入库验收、制造过程关键点和成品出厂检验质量关，健全产品质量安全追溯和应急处置体系。同时，在招标采购环节完善供应商质量承诺及违约责任条款，强化设备质量问题闭环管理和责任追究，促进供应商树立质量优先理念。

2. 业主质量监督把关责任

国家电网公司是电力设备产品的使用者，负有产品质量把关监督责任。国家电网公司致力于提升采购设备质量，强化全寿命周期质量监督，保障电网本质安全。严格执行《国家鼓励实施设备监理的重大设备目录》，强化监造全流程线上管理，探索集中云监造模式。强化采购设备检验检测，不断提升三级质量检测体系检测能力，严格执行抽检定额，确保物资品类、供应商、供货批次"三个百分之百"全覆盖。持续推进设备质量安全治理，深化主、配网物资专项质量提升行动。加强跨专业质量协同管控，促进采购标准、技术标准和质量监督标准无缝对接，建立结构化记录、自动采集、共享共用的设备质量问题数据库，开展共性问题行业整治，建立规范的物资质量问题闭环处理及供应商不良行为处理制度，保障电力系统安全稳定运行。

（二）深化、引领"两个转型"

国家电网公司发挥国有企业示范表率作用，强化新一代信息技术应用和企业质量保证能力建设，开展质量管理数字化赋能行动，构建数智化质量管控模式，推动物资质量监督业务和供应商生产制造数智化转型，实现质量形成过程的显性化可视化。

1. 物资质量监督业务"数智化"转型

开展质量管理数字化赋能行动，推动质量策划、质量控制、质量保证、质量改进等全流程信息化、网络化、智能化转型，是增强质量发展创新动能的重要措施。国家电网公司通过深化各信息系统的贯通互联，基于实物 ID 归集各专业、全流程设备质量信息，建立设备全寿命周期质量信息库，实现物资质量监督各业务系统融合贯通、数据共享，开展物资全寿命周期质量管理。通过拓展与供应商、行业协会、政府平台的互联对接，深挖全景质控平台数据价值，开展数据产品建设，推动全供应链质量管理协同提升。

2. 供应商生产制造"数智化"转型

企业标准化和数字化转型升级是企业迈向更高质量管理和制造水平的关键，只有持续推进标准化和数字化才能生产出更高质量的产品。国家电网公司深入贯彻落实国家《"十四五"智能制造发展规划》，推进《国网绿色现代数智供应链发展行动方案》落地实施，大力实施标准化战略，推动行业质量标准创新合作，开展先进标准研制，通过需求驱动引导设备制造企业，制定数字化制造发展规划，推动生产制造数智化、绿色化转型发展，促进产品质量提档升级。打造国网电工装备智慧物联平台（Electrical Equipment Intelligent IoT Platform，EIP），引导供应商开展数智化生产制造能力升级，实现电工电气装备制造质量在线管控，打造"透明工厂"。

（三）夯实、巩固"三个基础"

国家电网公司通过夯实制度标准体系、检验检测资源能力和质监人才队伍业务支撑能力三个基础，构建高水平质量基础设施，为全链质量管理提供高效服务。

1. 建立、健全质量监督制度标准体系

推动供应链质量管理标准化深度发展，持续开展成熟质量管理成果的标准化工作，增加企业标准、团体标准、行业标准和国家标准的积累。紧跟质量管理业务发展状况，优化质量管理制度体系，强化跨专业协同管理，实现招标环节采购标准、运维环节技术标准和质量监督标准的无缝对接。

2. 提档、升级检验检测资源能力

国家电网公司持续推进检测体系建设、设备升级、技术创新、模式优化、资源整合，实现检验检测能力提升。构建总部、省、市三级物资质量检测体系，满足采购物资的抽检需求。开展检测设备、检测管理的数字化、智能化升级，建设"透明实验室"，实现检测数据不落地、全程可追溯。开展检测技术的创新，加快推动远程智能、便携移动、节能无损等新技术、新成果在物资检测业务中的推广应用。创新"检储配"一体化实施模式，实现物资就地抽检、检后入库、集中储备、按需配送，提高协同运作效率。通过组织专家组现场验收、飞行检查等形式，强化对各级检测机构质量管理体系运行情况的监督，加快内部检测机构资质认证和国家级检测中心创建工作。整合系统内外检测资源，构建行业级检测资源池，为电工装备行业提供高效的检测服务。

3. 建设、提升质监队伍业务支撑能力

加强质监队伍建设，吸引优秀人才加入物资质量监督管理队伍，强化检测人员管理和培训,通过业务培训、资质取证等手段,进一步提升检测人员技能水平、提高检测任务承载能力。组建质监智库团队,开展质量标准、绿色低碳、数字智能等创新研究与合作,搭建跨行业深度交流平台,为能源互联网企业发展、新型电力系统建设提供人才驱动。

二、总体架构

国家电网公司坚持"质量强网"战略,基于设备全寿命周期质量监督管理理念,围绕供应链质量监督业务,应用绿色现代数智供应链建设成果和创新方法,构建了独具特色、科学合理的管理体系,主要包含组织体系、核心业务体系及支撑保障体系,如图2−1所示。

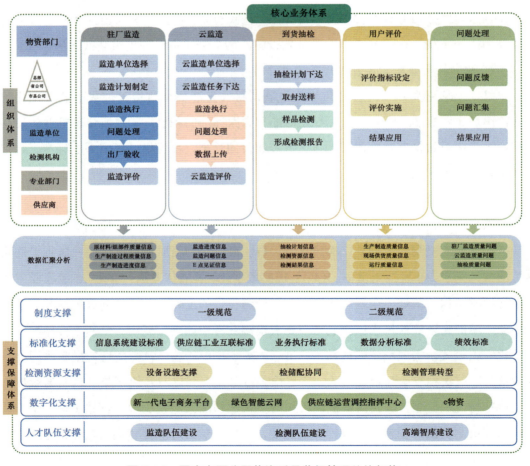

图 2−1　国家电网公司物资质量监督管理总体架构

（一）组织体系

在组织结构上，国家电网公司构建了总部、省公司、市县公司分层分级管理的组织体系，并按照业务流程和内容，合理、清晰界定各部门和岗位的工作职责和要求，形成结构完整、职责清晰的组织架构。

（二）核心业务体系

国家电网公司供应链质量监督的核心业务主要包括驻厂监造、云监造、到货抽检、用户评价等，并建立了问题闭环处理机制。各项业务统筹运用现代信息技术，相互补充支撑、融合共享应用，是管理策略的具体实践。

（三）支撑保障体系

国家电网公司供应链质量监督管理支撑保障体系主要包括制度、检测资源、标准化、数字化及人才队伍等支撑保障体系，全方位保障统一组织架构设计落地、统一模式运转、核心业务开展，推动管理体系高效运作、迭代改进。

第四节　供应链质量监督组织体系

国家电网公司供应链质量监督管理体系实行"$1+N$"管理模式。物资管理部门负责物资质量监督工作的归口管理，直流、特高压交流、抽水蓄能、新能源等工程物资以及计算机网络设备、二次设备、安全工器具、营销类物资由相应专业部门负责实行专业的监督管理。专业监督管理是指，由专业部门负责制定本专业范围物资监造、抽检的相关标准规范及质量监督绩效评价标准，组织各单位按规定开展本专业物资的监造、抽检工作，定期开展专业物资质量监督绩效评价。

国家电网公司供应链质量监督管理的组织架构主要分为总部、省公司、市（县）公司三个层面，实施分级负责与分工协助相结合的管理模式。国家电网公司建立了横到边、纵到底的供应链质量监督管理组织体系，即物资管理部门与设备、营销、基建、调控等各专业部门之间的横向协同，总部、省、市（县）三级质量网络的纵向贯通。国家电网公司物资质量监督组织结构图如图 2-2 所示。

一、总部层面

总部层面主要包含国网物资部、专业管理部门、项目管理部门、国网物资公司及支撑机构等组织。

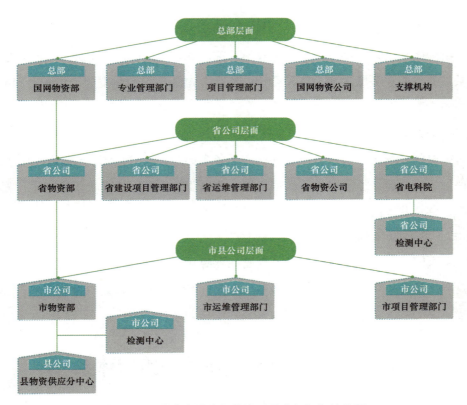

图 2-2　国家电网公司物资质量监督组织结构图

1. 国网物资部

国网物资部是供应链质量监督管理的归口部门，负责组织制定物资质量监督管理相关制度、标准，对各单位物资质量监督管理工作进行指导、检查和考核；负责协调处理采购环节重大物资质量问题；负责电网物资全寿命周期（设计选型、招标采购、生产制造、交货验收、安装调试、运行维护等）质量信息归集及质量信息在招标采购中应用等工作；负责物资质量检测能力建设管理及评价工作；负责 750kV 及以下交流工程电网物资质量监督管理及办公用品和零星物资的质量监督管理，组织优化和改进信息平台质量监督管理功能。

2. 总部专业管理部门

总部专业管理部门是指负责专业管理的各职能部门，主要包括安全监察部、设备管理部、营销部、数字化部、基建部、调控中心等。总部专业管理部门负责相应专业管理范围内的物资质量监督管理工作，负责制定相应专业范围内物资、工程服务供应商绩效评价标准，定期组织绩效评价。参与国家电网公司物资质量监督的相关制度、标准及规范的制修订工作，协调处理专业范围内物资质量监督管理过程中的相关事宜。

3. 总部项目管理部门

总部项目管理部门是指总部特高压事业部、抽水蓄能和新能源事业部，负责业务范围内物资质量的专业监督管理工作；定期开展业务范围内物资质量监督绩效评价；参与国家电网公司物资质量监督的相关制度、标准及规范的制修订工作；协调处理业务范围内物资质量监督管理过程中的相关事宜。

4. 国网物资公司

国网物资公司负责国家电网公司物资质量监督管理工作的业务支撑及电工装备智慧物联的运营实施；协助国网物资管理部对国家电网公司各单位物资质量监督管理工作进行业务指导、检查；开展总部层面的电网物资监造抽检等工作；处理采购环节重大电网物资质量问题；配合开展电网物资检测能力评价工作。

5. 总部支撑机构

总部支撑机构是指中国电力科学研究院有限公司、国网经济技术研究院有限公司、国网数字科技控股有限公司、国网特高压建设分公司、国网新源集团有限公司。总部支撑机构负责对总部电网物资质量监督管理工作提供技术支撑，编制电网物资质量监督管理相关技术标准，协助总部对下级单位电网物资质量监督管理工作进行技术指导、检查和培训，负责国家电网公司总部层面的电网物资监造抽检等工作实施，并对相关电网物资质量问题进行总结分析，开展有关技术研究等工作。

二、省公司层面

1. 省（自治区、直辖市）电力公司物资部

省（自治区、直辖市）电力公司物资部归口管理本单位物资质量监督管理工作，负责本单位常规交流工程（750kV及以下）电网物资、办公用品及零星物资的质量监督管理工作，对所属单位的物资质量监督管理工作进行指导、检查和考核；负责总结、分析、报送本单位物资质量监督管理工作信息；负责组织处理物资到货验收前电网物资质量问题，协助处理安装、调试、投运阶段物资质量问题；负责组织开展本单位电网物资质量检测能力建设及自评价工作。

2. 省项目建设管理部门

省项目建设管理部门负责制定本级采购范围内电网工程物资的安装调试绩效评价标准，定期组织开展电网工程物资安装调试绩效评价，并将评价结果上传至电子商务平台（E‑Commercial Platform，ECP）；参与国家电网公司物资质量监督的相关制

度、标准及规范的制修订工作；负责组织制定电网物资出厂验收方案，参与制造现场电网物资出厂验收工作；参与协调处理本级物资质量监督管理过程中的相关事宜。

3. 省运维管理部门

省运维管理部门是指省电力公司级设备、营销、数字化、调控等部门，负责制定本单位范围内电网设备质量监督、运行绩效评价标准，定期组织开展设备质量监督、运行绩效评价，并将评价结果上传至电子商务平台；参与国家电网公司物资质量监督的相关制度、标准及规范的制修订工作；参与电网物资出厂验收方案编制工作；参与电网物资出厂试验见证工作；参与协调处理物资质量监督管理过程中的相关事宜。

4. 省物资公司

省物资公司是省公司物资质量监督管理工作的业务支撑单位；协助省公司物资管理部开展省公司项目电网物资、办公用品及零星物资的质量监督管理工作，对省公司所属单位的物资质量监督管理工作进行指导、检查和考核，开展电网物资质量检测能力自评价工作；负责组织开展电网物资出厂试验见证或检验工作。

5. 省电科院

省电科院是省公司物资质量监督管理工作的技术支撑单位。按照省公司物资管理部安排，省电科院是负责所承担的电网物资检测等业务的实施；负责电网物资出厂试验见证、检验工作的技术支撑；负责开展质量监督有关新技术研究。对地市（区、州）供电公司（以下简称地市供电公司）、县（市、区）供电公司（以下简称县供电公司）物资质量抽检工作进行技术指导和培训。按照省公司物资管理部安排，省电科院协助省公司开展本单位物资质量检测能力建设及自评价工作；负责省、市两级检测中心的技术监督和考核。

6. 省公司检测中心

省公司检测中心负责本中心物资质量检测能力的建设；承担物资管理部门委托的物资检测任务，及时反馈检测结果；负责本中心信息化建设和维护，将检测数据上传至电子商务平台；负责本中心检测工作的规范性和检测数据的准确性、真实性。负责本中心检测作业、人员培训、消防安全管理工作。

三、地市（县）公司层面

地市（县）公司层面主要包含地市（区、州）公司物资部、地市运维管理部门、地市项目管理部门、地市（区、州）公司检测中心、县（市、区）供电公司。

1. 地市（区、州）公司物资部

地市（区、州）供电公司物资管理部负责本单位电网物资、办公用品及零星物资质量抽检工作的组织实施，配合开展物资出厂试验见证工作，统计分析电网物资质量信息，并向上级物资管理部门报送。

2. 地市运维管理部门

地市运维管理部门是指地市供电公司级设备、营销、数字化、调控等部门，负责制定本单位范围内电网设备质量监督、运行绩效评价标准，定期组织开展设备质量监督、运行绩效评价，并将评价结果上传至电子商务平台；参与电网物资出厂验收方案编制工作；参与电网物资出厂试验见证工作；参与协调处理物资质量监督管理过程中的相关事宜。

3. 地市项目建设管理部门

地市项目建设管理部门负责制定本级采购范围内电网工程物资的安装调试绩效评价标准，定期组织开展电网工程物资安装调试绩效评价，并将评价结果上传至电子商务平台；参与国家电网公司总部物资质量监督的相关制度、标准及规范的制修订工作；负责组织制定电网物资出厂验收方案，参与制造现场电网物资出厂验收工作，参与协调处理本级物资质量监督管理过程中的相关事宜。

4. 地市（区、州）公司检测中心

地市（区、州）供电公司检测中心负责本级检测中心物资质量检测能力的建设，承担物资管理部门委托的物资检测任务，及时反馈检测结果；负责本中心信息化建设和维护；负责将检测数据上传至相关业务信息系统；负责本中心检测工作的规范性和检测数据的准确性、真实性；负责本中心检测作业、人员培训、消防安全管理工作。

5. 县（市、区）供电公司

县（市、区）供电公司按照省市公司分工，组织实施本单位物资质量抽检工作，参加本单位项目有关产品制造过程的关键点见证、抽检、验收等工作，协调处理产品质量问题，督促供应商整改，统计分析设备材料质量信息，建立产品质量信息库，并做好相关信息报送。

第五节 供应链质量监督核心业务体系

国家电网公司物资质量监督核心业务主要包括驻厂监造、云监造、到货抽检、用户评价等，并建立了问题闭环处理机制，保障"质量强网"战略落地。

一、驻厂监造

驻厂监造是指设备监造单位受监造委托方委托，依据国家有关法律法规、技术标准及设备采购合同要求，按照监造服务合同约定，成立监造组派驻供应商生产区域，对设备生产制造过程质量和进度进行监督见证。

对于一些大型、复杂、重要设备，因为资金投入量大，制造周期长，技术要求高，其质量直接影响到企业效益，电网企业委托监造单位进行驻厂监造。监造人员直接进入供应商的制造现场，成立相应的监造小组，编制监造方案，实施设备制造全过程的质量监控。

驻厂监造主要负责检查供应商执行合同的情况、质量体系实施情况、制造质量，与供应商协商解决生产中出现的问题，保证设备质量。

二、云监造

云监造是除驻厂监造外，电网装备的另一种监造方式。云监造是指监造单位依据物资采购合同、监造服务合同等，委派监造人员利用电工装备智慧物联平台物联采集数据、实时视频等功能，在线查看、跟踪物资订单排产、生产制造的全过程，对设备的制造质量与进度进行远程监督见证。

云监造不代替驻厂监造和到货抽检，是驻厂监造和到货抽检工作的补充和延伸。监造模式从传统的人工旁站见证为主转变为系统远程监造为主、人工参与为辅的智能监造模式，节省了人力和物力资源，提高了监造工作质效，从源头提升了设备生产质量，促进了供应商的生产管理及工艺质量管控水平的提升。

三、到货抽检

抽检是指电网物资安装前，物资管理部门以抽样的方式，组织对供应商供货的电网物资的性能参数进行检测，验证其与合同要求的符合性。

入网物资质量的优劣决定着电网是否能安全稳定运行，加强入网物资质量把关是提高电网安全稳定运行的基础和保障，抽检工作是其中必要的措施之一。国家电网公司加强自身物资检测能力建设，推进检测技术创新，严格抽检定额管理，建立高效透明的检测管控体系。

四、用户评价

（一）供应商绩效评价

供应商绩效评价重点聚焦在对电网建设运行相关的主要物资类和服务类供应商质量、服务、进度等方面的评价，通过不断加强供应商评价与招标采购的联动，引导和促进供应商提高产品质量，提升入网设备质量。

供应商绩效评价按照"谁使用谁评价，谁主管谁负责"和"应评尽评"的原则开展，充分发挥各专业部门的专业管理优势。各专业部门根据业务管理范围划定评价品类范围，制定本专业相应品类供应商的绩效评价标准和评级标准，确定评价供应商范围，并完成相关评价及评级工作。

（二）供应商制造体系评估

随着绿色现代数智供应链建设不断推进，国家电网公司积极推动质量监督业务从结果管控向供应商质量保证体系评估延伸。在传统供应商绩效评价工作的基础上，充分挖掘供应商资质核实、设备生产制造、抽样检测、供应履约、运行维护、企业信用等线上结构化数据价值，构建适合电网供应商制造体系评估的分析模型，对电网供应商的产品质量保障能力和履约服务能力开展多维量化的动态评估。

同时，基于国家电网公司总部供应链运营调控指挥中心（Enterprise Supply Chain Center，ESC）在数据获取、整合方面的优势，部署供应商制造体系评估功能，对供应商产品制造能力进行全方位智能分析评估，实现总部、省公司两级采购物资质量保障能力评价结果计算与应用，并不断拓宽评估结果应用场景，积极引导供应商强化质量保障体系建设，切实助力设备"好中选优"。

（三）办公用品及零星物资质量监督

办公用品及零星物资主要指的是办公类用品、计算机、车辆、仪器仪表、工器具、配件和五金材料等。国家电网公司建设电商化"办公用品及零星物资选购专区"，方便需求单位在线选购。质量监督方式主要有用户评价和质量抽检等方式（其中质量抽检参照常规电网物资抽检方式）。

办公用品及零星物资用户评价主要包括用户口碑评价、意见反馈、投诉举报等内容。其中用户口碑评价是用户对已确认收货的订单开展一单一评，根据采购体验，从商家服务、发货速度、售后服务维度进行星级打分。针对订单中的商品，可从商品质量、商品价格、描述相符性方面进行星级打分。收货人在后续使用过程中还可以追加评价。

五、质量问题闭环处理

对于物资在生产制造过程中发现的质量问题，国家电网公司进行出厂前的偏差修正及出厂后的质量监督问题闭环管控。设备出厂前，针对驻厂监造、云监造过程中发现的质量、进度及其他违约行为等问题，监造人员现场或应用电工装备智慧物联平台协同进行闭环处理，监督问题整改、跟踪处理结果直至符合要求；出厂后主要采用问题供应商约谈、合同违约和退出机制等方式，严格进行闭环处理。

（一）问题供应商约谈

国家电网公司针对近年来主设备出厂试验一次通过率较低或质量问题突出的供应商，开展一对一约谈和整改情况现场检查。要求供应商落实主体责任，增强质量意识、树立危机意识，全方位、全过程多措并举提升设备制造质量，保障电网安全稳定，重点推进以下工作：

（1）落实供应商质量主体责任，建立规范质量保证、评估体系。

（2）加强质量问题分析整改，国网物资部将组织各专业开展供应商现场验收，结果应用于招标采购。

（3）强化供需协同，建立开放共享的设备全寿命周期质量信息库。

（4）加快数智化制造转型升级，进一步发挥电工装备智慧物联平台质量在线管控监测作用，推进生产制造、质量管控手段优化提升。

（5）加大科技创新，优化产品设计，加强关键技术研究，加快解决核心部件"卡脖子"难题。

（6）贯彻设备全寿命周期理念，完善厂内管理，强化责任落实，组建专业化质量管控、基建安装队伍，持续提升各环节产品质量保证能力。

（二）合同违约处理

国家电网公司依据采购合同及协议规定明确的约定事项，针对供应商存在的质量缺陷、售后缺失等违约行为，通过采用退换货、违约金收取、延长质保期、合同订单协商解除等措施，激励供应商持续提升质量、履约、服务的责任意识。合同违约处理主要涉及以下几种合同违约情形：

（1）实际交付的技术指标不满足技术规范书要求。

（2）到货物资抽检不合格。

（3）由于供应商原因导致合同解除。

在采购合同通用合同条款中约定，卖方未能按时交付合同货物（包括仅迟延交付技术资料但足以导致合同货物安装、调试、考核、验收工作推迟的）的，应向买方支付迟延交付违约金。在采购合同专用合同条款中对不同物资均做了详细的违约责任约定。

（三）退出机制

国家电网公司针对质量缺陷的严重不良行为，依据规定给予暂停中标资格、列入黑名单等处罚，提升供应商责任意识。其中暂停中标资格，是指在一定期限内，在部分类别的货物、工程、服务招标采购中停止供应商的中标资格；列入黑名单，是指在一定期限内，在所有类别的货物、工程、服务招标采购中停止供应商的中标资格。

对于存在特别严重不良行为的供应商，国家电网公司探索在重点领域建立供应商"黑名单"共享制度，在社会信用、银行资信、行政处罚、环保处罚等领域进行应用，加大对违法违规行为的联合惩戒打击力度，提升供应商的规矩意识。

第六节　供应链质量监督支撑保障体系

国家电网公司供应链质量监督管理以制度建设、标准化管理、检测资源建设、数字化管理及人才队伍培养等为支撑保障，确保组织体系顺畅运行、核心业务有序开展。

一、制度支撑体系

国家电网公司建立健全二级供应链质量监督管理制度保障体系。

（一）一级规范

国家电网公司制定下发《国家电网有限公司供应链管理通则》〔国网（物资/1）98—2023〕，这是国家电网公司全面建设具有中国特色国际领先的能源互联网企业，贯彻人民电业为人民的服务宗旨，进一步规范供应链管理工作，依据《中华人民共和国招标投标法》《中华人民共和国民法典》《中华人民共和国招标投标法实施条例》所制定的物资管理规范。该通则明确了物资管理的主要内容，适用于国家电网公司总（分）部、各省（自治区、直辖市）电力公司、各直属单位的供应链管理工作。国家电网公司控股、参股单位（国家电网公司境外企业除外）参照执行。

该通则将物资质量监督管理定义为：物资质量监督管理是指依据合同或相关规定，对国家电网公司系统集中采购的电力设备材料在生产制造和到货阶段，以及办公用品和非电网零星、电网零星等物资到货阶段进行质量管控的专业管理工作。

该通则指出：国家电网公司物资质量监督，主要包括对设备、材料等采取的监造、抽检，以及对零星物资采取的抽检、评价等手段。物资质量监督管理工作不能代替项目或专业管理部门对入网物资的到货验收、交接试验等工作职责。该通则对物资监造、抽检等做出了总的要求和工作原则，并对信息化工作、物资质量检测支撑单位明确了一般工作原则。

（二）二级规范

国家电网公司制定下发《国家电网有限公司物资质量监督管理办法》〔国网（物资/2）159—2023〕。该办法是国家电网公司推动公司高质量发展，加快建设具有中国特色国际领先的能源互联网企业，推进绿色现代数智供应链体系建设，围绕设备全寿命周期质量监督闭环管理理念，加强采购环节物资质量监督管理，依据《中华人民共和国招标投标法》《中华人民共和国招标投标法实施条例》《中华人民共和国产品质量法》《中华人民共和国反不正当竞争法》等国家有关法律法规，以及《国家电网有限公司供应链管理通则》等规定，制定的管理办法。适用于国家电网公司总（分）部、各单位的质量监督工作，国家电网公司控股、参股单位（国家电网公司境外企业除外）参照执行。

该办法指出，国家电网公司物资质量监督方式主要包括对电网物资采取的监造、抽检、绩效评价、不良行为处理，对零星物资采取的抽检、用户评价等手段。物资质量监督管理工作不能代替项目管理部门或专业管理部门对入网物资的到货验收、安装调试、运维检修等环节的质量管理工作。

二、标准化支撑体系

国家电网公司已建立一套完整的物资质量监督管理标准化体系，涵盖信息系统建设、供应链工业互联、业务执行与数据分析等全部环节，如图 2-3 所示，以支撑电子商务平台、电工装备智慧物联平台等质量监督信息系统统一建设，支撑电工装备制造商、原材料组部件制造商、检测机构等上下游企业规范互联，支撑抽检、监造等业务规范开展，支撑产品质量评价、供应商绩效评价数据高效利用。

（一）信息系统建设标准

为推动电工装备智慧物联平台建设，指导软硬件研发、设计和使用，编制《电工装备物联平台规范》《电工装备物联网关技术要求》等3项团体标准、8项企业标准，为电工装备智慧物联平台建设提出了标准化要求，逐步推动平台向行业级平台推广，将电工装备智慧物联平台打造成为行业级物资质量管控平台。

图2-3　质量监督管理标准体系

（二）供应链工业互联标准

为助力国网绿色现代数智供应链建设，打造电工装备智慧物联体系，国家电网公司指导电工装备供应商进行数智改造，编制37类物资《电工装备智慧物联平台互联供应商数据采集要求及接口规范》，含团体标准29项、企业标准38项，提出了供应商与电工装备智慧物联平台数据互联基本要求，为电工装备供应商互联接入平台提供了标准化、规范化和个性化的接入改造方案，引导行业内供应商互联接入平台，扩大平台横向应用范围，提高行业影响力，打造行业级电工装备工业互联网体系，推动电工装备制造业高质量发展。

（三）业务执行标准

为推动质量监督业务规范化、数智化开展，促进云监造业务深化应用，提高电网装备入网质量，国家电网公司编制13类物资的电网物资监造规范、1项电网物资云监造工作规范、37类物资的云监造技术规范、31类物资的电网物资抽检规范等共计82项企业标准，牵头编制9类物资的制造监理技术要求等共计9项团体标准，对质量监督业务执行提出标准化、规范化要求，推动质量监督业务模式数智化变革，提高质量监督可靠性、公正性与权威性，促进电工装备质量进一步提升。牵头编制行业标准《高压交流开关设备制造监理导则》，彰显了国家电网公司在电网设备制造监理、供应商管理技术方面的领先地位，有助于提高国家电网公司市场认同度，掌握行业话语权。

（四）数据分析标准

为深化质量监督结果应用，助力采购"好中选优"，国家电网公司制定《供应商质量监督绩效评价导则》，针对供应商在驻厂监造、云监造和到货抽检业务中的表现，制定量化评价方法。为促进云监造业务快速发展，引导供应商重视数据质量，国家电网公司编制了 37 类物资的电工装备智慧物联平台供应商数智制造能力评价导则，建立了标准化、规范化和流程化的平台互联供应商数智制造评价体系，深化评价结果与招标采购环节闭环联动，全面实现供应商数智制造能力量化评价，引导供应商接入平台，扩大电工装备生态圈促进电工装备制造企业数智化转型。

三、检测资源支撑体系

检测能力支撑保障主要包括设备设施标准化建设、"检储配"一体化协同。

（一）检测能力标准化建设

为保障电网运行本质安全，健全和完善国家电网公司物资质量检测体系，全面提升电网物资质量检测能力，国家电网公司于 2017 年下发了《加快推进电网物资质量检测能力标准化建设的通知》，明确了质量检测体系三年建设规划要求。

1. 三级检测机构能力建设

按照"长远布局、分类推进、整体提升"的思路，建成以国家电网公司级、省公司级及地市公司级三级质量检测中心为主，产业单位、集体企业、社会第三方检测机构为补充的质量检测体系。国家电网公司级质量检测中心主要依托中国电科院及部分具备条件的省公司电科院、直属产业单位，省公司级主要依托省公司电科院及实力较强的地市公司，地市公司级主要依托各地市公司。

制定《电网物资质量检测能力标准化建设导则（试行）》，将每类物资的检测能力分为 A、B、C 三级。其中，A 级包括该类物资的所有试验项目，B 级包括常规型式试验项目，C 级包括常规例行试验项目，各级检测中心检测能力目标要求见表 2-1。

表 2-1　　　　　　　　电网物资质量检测能力标准化建设要求

序号	层级划分	依托单位	质量检测能力目标
1	国家电网公司级	中国电科院及具备条件的省公司电科院、直属产业单位	电网设备材料全部型式试验及特殊试验能力
2	省公司级	省公司电科院及实力较强的地市公司	电网设备材料全部型式试验及部分特殊试验能力
3	地市公司级或区域级	各地市公司或产业单位	电网设备材料全部常规例行试验能力

2. 设备设施部署升级

国家电网公司高度重视检测仪器仪表等检测资源的配置和使用，为建设"透明实验室"提供有力支撑保障。

纵观电力行业各检测实验室的检测仪器技术的发展，其历经了从单设备运行阶段、一体化综合检测工位阶段到物资质量检测综合管控平台三个主要阶段。检测仪器设备发展阶段如图 2-4 所示。

物资质量检测综合管控平台
数字化、智能化水平高，实现对检测全流程高效率管理

一体化综合检测工位
投资大，检测效率高，目前主要应用于设备类物资检测

单设备运行
投资小，检测效率低，可覆盖全部检测物资种类

图 2-4 检测仪器设备发展阶段

（1）单体设备应用阶段（2014 年之前）。单设备运行阶段仪器设备可以细分为模拟仪器、数字仪器、智能仪器三种。

1）模拟仪器，诞生于 20 世纪 50 年代以前。此类仪器的基本结构是电磁机械式，主要借助指针显示测量结果，例如托盘天平、游标卡尺、钢卷尺等。

2）数字仪器，起步于 20 世纪 50 年代。数字技术的引入和集成电路的出现，使电测仪器由模拟式逐渐演化为数字式，其特点是将模拟信号测量转化为数字信号测量，并以数字方式输出最终结果，适用于快速响应和较高准确度的测量，例如回路电阻测试仪、直流电阻测试仪、变压器变比测试仪、便携式机械特性测试仪、数显游标卡尺、数显外径千分尺等。

3）智能仪器，出现于 20 世纪 70 年代，是现代测试技术与计算机技术相结合的产物，包含微计算机或微处理器，具有存储、运算、逻辑判断及自动操作、自动控制等功能。智能仪器将传统数字仪器中控制环节、数据采集与处理、自调零、自校准、自动调节量程等功能改由微处理器完成，从而提高测量精度和速度。

（2）一体化检测工位应用阶段（2014—2019年）。2014年之后，随着信息系统和系统集成技术不断成熟，国内厂商将各种仪器设备进行系统集成，通过软件与硬件集成应用，搭建了跨品类、跨项目的自动化检测软硬件综合检测平台。一体化检测工位主要覆盖的检测物资包括配电变压器、开关类、互感器、避雷器和电容器等。

通过工业机器人结合一体化检测工位，实现自动接线、自动完成多项目检测、自动完成检验结果编制等功能，不仅保障了检测人员的工作安全，也提升了设备整体检测效率和结果的准确性。一体化检测工位实景如图2-5所示。

图2-5　一体化检测工位实景

（3）物资质量检测综合管控平台应用阶段（2020年以后）。部分省公司通过业务和技术积累，逐步实现了从单一设备到多设备集成的一体化检测工位建设。在提升仪器设备的一体化基础上，部分省公司构建物资质量检测综合管控平台，对接智能化设备、检测工位，实现了检验过程数据自动记录、检验报告结果自动生成和判定。通过物资检测过程的管理和管控，提升了检测中心的数字化、智能化、透明化水平。

（二）"检储配"一体化协同

为进一步推进物资质量检测能力建设，深化质量监督与供应配送业务整体协同联动，国家电网公司组织建立"检储配"（检测、仓储、配送）一体化基地，优化业务链条，提高抽检效率、风险防控能力和功效时效。

1. "检储配"一体部署

按照就地抽检、检后入库、集中储备、按需配送的原则，在入库物资规模较大、周转率较高的中心库或周转库，就地或就近建设物资质量检测中心，建立"检储配"一体化基地，形成先检后储、按需配送的业务模式，减少仓库至检测中心的运输时间及运输成本，深化质量监督与供应配送业务的整体联动和协同。

综合考虑仓库存储的物资品类、规模，检测能力要覆盖主要物资品类的 C 级检测项目，配置相应的检测仪器设备。统一建设选址、检测能力、场地设置、配套设施、外观标识、人员配备、信息化建设、一体化运作等方面要求，分片配置具有综合性检测能力的"检储配"一体化基地，在满足本地市公司检测业务需要基础上，辐射本片区检测业务。

健全物资入库、抽样、转运、检测、返样、结果分析等全流程运行管理规范，按照 ISO 9000、中国合格评定国家认可委员会（China National Accreditation Service for Conformity Assessment，CNAS）、检验检测机构资质认定（China Inspection Body and Laboratory Mandatory Approval，CMA）等认证要求，开展软硬件建设和人员配备。应用物联网、人工智能（Artificial Intelligence，AI）等技术，充分考虑搬运、试验、统计等功能需求，配置一定的自动化设备，建设自动化仓储、检测作业系统，提高"检储配"一体化运作效率。

2. "检储配"协同运营

（1）智能应用，提升"检储配"工作时效性。提升检测基地数智化作业水平，增加自动立体货架、自动导引车（Automated Guided Vehicle，AGV）、自动检测工位等智能化设备及自动化加工、检测装置等，提升物资检测和运转效率。优化物资检测工序流程，通过流程"串改并"和多任务并行实施，压降物资检测周期，提升检测质效。

（2）一体运营，提升"检储配"协同能力。整合检测、仓储、配送三大业务系统，打造智能抽检、合格入库、集中储备、按需配送一体化运营模式。提升物资仓储和质量检测协同能力，实施差异化抽检策略，结合检测承载力和抽检合格率，生成与承载能力相匹配的抽检需求计划，并结合物资到货情况及仓库剩余库容，动态调整抽检基数。

四、数字化支撑体系

国家电网公司积极推进链上企业全息数据库、设备全寿命周期质量信息库建设，按照《贯彻实施〈国家标准化发展纲要〉行动计划的通知》等国家质量监督相关要求，相继建成并迭代升级"电子商务平台（E–Commercial Platform，ECP）""电工装备智慧物联平台（Electrical Equipment Intelligent IoT Platform，EIP）""供应链运营调控指挥中心（Enterprise Supply Chain Center，ESC）"等信息化平台系统，支撑质量监督管理数字化转型。

（一）电子商务平台（ECP）质量管理

ECP 是国家电网公司供应链业务智慧作业系统之一，是首个面向企业外部交互的一级部署、两级应用的统一招投标平台。

1. 总体业务架构

ECP 覆盖从采购计划、招标采购、合同物流、质量监督、运行评价、供应商管理到废旧物资处置的供应链全流程业务，按采购标准管理、计划管理、采购管理、专家管理、合同管理、供应商关系管理、质量监督管理、废旧物资处置八大应用模块进行设计，提升了供应链协同效率和质量。

2. 物资质量监督管理模块

围绕选好设备、提升采购设备质量的要求，按照依靠业主单位、联合专业部门、引导生产厂家、强化质量管控的思路，ECP 部署了质量监督管理模块，对生产制造阶段重点物资进行设备监造和物资抽检，引导供应商增强质量意识，保证产品质量。质量监督管理实现监造业务管理、抽检业务管理、巡检业务管理、资质信息备案管理等主业务流程全程在线操作，提升监造信息记录质量，加强内部单位统一管理，统一设计系统角色。质量监督管理模块主要包括基础数据维护、监造业务管理、抽检业务管理、统计查询。

（1）基础数据维护。

1）技术标准上传查询：总部基础数据维护人员对行业内的技术标准分类上传。基础数据查询人员可查询、下载总部维护的技术标准。

2）物资标识维护：按照质量监督业务维度对物资大中小类进行重新划分，建立质量监督物资树，并与物料主数据关联。

3）作业规范管理：总部编制设备物资的监造作业规范和抽检作业规范，作为开展监造和抽检工作的依据，并部署至系统中。

4）物资标识与作业规范评价表对应关系：对监造、抽检物资匹配相应的作业规范。

5）物资监造范围管理：总部基础数据维护人员在已维护监造作业规范对应关系的物资中选择设置总部要求的监造物资范围及强制拆分要求。

（2）监造业务管理。

1）监造计划下达：监造范围内设备采购合同生效后，省公司、省物资公司及需求单位物资质量监督专责向监造单位下达监造计划。

2）监造计划分配：监造单位负责人在设备制造前将监造计划分配至监造组（含1名监造负责人，多名监造师）。

3）监造任务生成：监造组通过拆分、合并按照监造计划生成监造任务；同一合同、同一工程项目、同一供应商、同一物资种类的监造计划可合并，且已拆分的计划不允许再合并。

4）监造任务执行：监造组记录监造任务基本信息后，开始执行监造任务，确定监造内容、记录见证表信息、录入发现的监造问题、发送关键点见证通知、填写监造小结、评价监造结果，结束监造任务。已完成的监造任务系统自动生成监造总结。

5）监造信息统计查询：所有物资质量监督人员可统计查询其权限范围内（总部合同按建管单位，省公司合同按需求单位）的监造信息，包括监造计划查询、监造任务查询、监造进度查询及监造问题查询。

（3）抽检业务管理。

1）抽检任务下达：省公司、省物资公司、需求单位选择供应链运营调控指挥中心或人工编制的抽检计划作为抽检任务下达至取样单位。

2）取样：取样人员跟踪供应计划执行情况，适时到现场实施取样，并记录取样过程。取样完成后及时送样至检测机构。

3）收样、检测：样品到达检测机构，委托单位与检测机构签署委托协议，明确检测项目、依据等。检测机构收样人员拍照记录收样过程，进行二次编码（可选），送检测人员检测。检测人员记录检测结果，提交检测报告。

4）抽检任务审核：省公司、省物资公司、需求单位审核检测结果。对于检测不合格品，根据分级分类导则进行不合格品评级，约谈供应商，确认检测结果。

5）抽检结果处理：省公司、省物资公司、需求单位依据合同约定，对抽检过程中发现的问题进行记录，并对供应商实施退换货、支付违约金处理。

（4）抽检信息统计查询：所有物资质量监督人员可统计查询其权限范围内（总部

合同按建管单位，省公司合同按需求单位）的抽检信息，包括抽检任务查询和抽检问题查询。

（二）电工装备智慧物联平台（EIP）质量管理

电工装备智慧物联平台（EIP）是国家电网公司面向工业互联网，运用"大云物移智边链"等新一代信息技术与工业系统深度融合所形成的行业级质量管控平台。通过实时采集供应商侧排产、生产、试验等物联数据信息，实现数智制造与智慧物资供应链的深度融合。平台打破供给侧和需求侧壁垒，打通全链"信息孤岛"，强化供需双方实时交互协同能力，全面提升电网设备质量及电工装备行业竞争力。

2019 年 4 月，平台全面启动建设工作；2021 年，平台核心功能基本建成并开展试点应用；2022 年，平台创新开展云监造业务，全面开展实用化应用；2023 年，开展行业级物资质量管控平台建设。2023 年年底，平台已建成订单跟踪、智能监造、供应协同、检测资源等十大核心功能，支撑制造、检测双透明体系稳定运行，致力于成为集制造质量在线管控、检测资源交互共享、数据价值协同应用、服务业务深度融合"四位一体"的行业级平台。EIP 系统质量管理模块登录界面如图 2-6 所示。

图 2-6 EIP 系统质量管理模块登录界面

1. 业务架构

EIP 根据电工装备产品特点，实行分类接入管理，平台建设线圈、开关、铁塔、线缆、表计、二次、抽水蓄能、低压电缆、开关柜和配电变压器十大品类管理中心，开展业务运营，支撑订单跟踪、智能监造、质量评价、行业对标、产能分析、协同质控、供应协同和咨讯发布等核心功能，EIP 业务架构如图 2－7 所示。

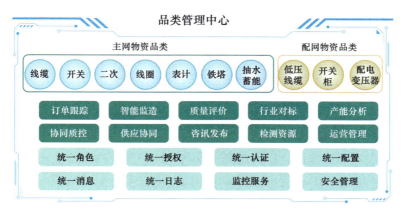

图 2－7　EIP 业务架构

2. 主要功能

EIP 利用物联网技术与供应商生产管控系统互联，获取供应商订单排产、原材料检验、生产制造及出厂试验等信息，实时掌握订单生产进度和产品质量，全面加强供应商生产制造质量管控。平台主要包括订单跟踪、智能监造、质量评价、行业对标、产能分析、协同质控、供应协同、咨讯发布、检测资源和运营管理十大核心功能。

（1）订单跟踪。以国家电网公司采购订单为主线，实现订单签约、排产、生产、入库和发运全业务跟踪。通过关联供需双方的采购订单与销售订单，采集与采购订单相关的供应计划、实物 ID、排产计划、生产数据等信息，跟踪产品制造全过程，做到订单生产全过程的可视、可分析、数据实时查询。

（2）智能监造。实时采集供应商生产、试验及视频数据，并依据参数规范对生产过程自动监测、智能告警。监造人员可线上跟踪排产、制造和试验等环节，处理平台自动告警的问题，对产品生产全过程进行远程监督见证。

（3）质量评价。通过采集供应商原材料检验、生产制造和出厂试验数据，依据质量评价模型，自动对订单产品质量进行全方位智能分析，形成质量评价报告。

（4）行业对标。对同行业供应商的生产能力、检测能力、产品质量和服务水平进行多维度对比分析，建立行业对标指标，帮助供应商发现短板，针对性提升生产工艺，促进行业整体提升。

（5）产能分析。检测供应商的库存情况、生产能力和生产饱和度等信息，对供应商产能进行统计分析，结合订单跟踪，建立数据共享通道，实现电工装备产业链供应链供需紧密协同、产能科学调配。

（6）协同质控。搭建供应商与用户沟通桥梁，及时沟通排产计划、生产质量、货物运输、安装调试、设备运维等信息，提高物资质量和服务质量，提升行业沟通效率。

（7）供应协同。高精度管理及监控特高压项目物资生产进度，实现特高压物资生产进度信息在线跟踪管控、预警和统计展示，精准管控物资生产进度信息，提高物资供应保障和响应能力。

（8）咨讯发布。加强用户和供应商信息共享：①提供政策法规分析，行业动态查询、信息咨询和消息发布等服务；②为平台供应商互联接入提供便捷通道。

（9）检测资源。统筹国家电网公司内外部检测资源，实时物联感知检测过程，实现物资抽检业务标准化、可视化、数智化管控。

（10）运营管理。开展供应商数智制造能力在线评价、省公司及品类中心评价，实现运营问题在线协同管理，提高平台运营工作效率。

（三）供应链运营调控指挥中心（ESC）质量分析

供应链运营调控指挥中心（ESC）是国家电网公司融汇先进数据中台技术打造的供应链内外部、各环节数据集成和数智化运营平台。高质量建设绿色现代数智供应链，提升电网数字化、智能化水平，以数据业务化推动供应链管理端到端可视、预警监控、自动执行、风险规避、智慧洞察、绩效提升，为赋能供应链运营模式创新突破。实现采集、传输、存储及计算一体化，全面汇聚 EIP、ECP 等多个业务系统的数据资源，运用大数据分析、人工智能、自主可视化等技术挖掘数据价值，打造数智化运营场景，指挥供应链各方协同运作，全面提升供应链感知、分析、学习和调度能力。

在质量监督专业环节，供应链运营调控指挥中心（ESC）建设着力实现"管理一中枢"，达成效率、效益和效果的全面监控，进一步夯实数据管理基础，强化质量管理在运营分析、价值创造、风险预警、资源配置等方面的应用力度，确保对质量监督全量业务的有效支撑。ESC 数字资源池首页如图 2-8 所示。

1. 业务架构

ESC 业务架构遵循"专业分工、协同运作、规范高效"的原则，以专业视角、全供应链视角及规范性视角，汇聚 ECP、EIP 等业务系统产生的数据，形成抽检管理、监造管理、云监造管理、云诊断、考核指标、全寿命周期质量信息数据库等核心功能。

ESC 质量监督专业业务架构如图 2−9 所示。

图 2−8　ESC 数字资源池首页

图 2−9　ESC 质量监督专业业务架构

2. 主要功能

ESC 质量业务分析通过数据中台抓取 ECP、EIP 质量监督业务数据，在数据建模和数据加工的成果之上，从数据准备、分析模型构建、数据权限控制、自主分析、专题分析等环节开展应用开发。ESC 主要具备抽检管理、监造管理、云监造管理等六个板块的数据统计分析及可视化功能，以数智化功能辅助业务决策，推进质量监督管理工作质效提升。

（1）抽检管理。通过线上抓取 ECP 抽检业务数据并构建抽检管理分析模型，对样品抽检情况、检测资源应用情况、不合格样品分类分级、退换货和罚款情况等内容进行汇总统计和可视化展示；在此基础上从不同物资品类、供应商、到货批次等维度进行抽检定额完成情况、抽检覆盖率等的抽检管理模型构建和统计分析。

（2）监造管理。通过线上抓取 ECP 监造业务数据并构建监造数据分析模型，对监造设备完成情况、出厂试验一次通过情况、监造发现问题等进行汇总统计和可视化展示；在此基础上从不同物资品类、供应商等维度进行监造覆盖率等的监造管理模型构建和统计分析。

（3）云监造管理。通过线上抓取 EIP 云监造业务数据并构建云监造数据分析模型，对云监造任务下发率、任务完成率、产品优质率等进行汇总统计和可视化展示；并通过采集供应商原材料检验、生产制造和出厂试验数据对订单产品质量进行全方位智能分析，形成质量评分。

（4）云诊断。云诊断功能分别从 ECP、EIP 中抓取主设备监造数据、生产数据、云监造数据和配网物资抽检试验数据，对经过专家筛选的关键质量特征值、关键技术参数指标进行数据挖掘分析及量化评价，实现供应商关键参数维度质量评价，助力供应商"强中选强"，电网物资"优中选优"。

（5）考核指标。对物资质量监督表现情况设置不同维度的考核原则，运用 ESC 数智化功能进行抽检定额完成情况、监造覆盖情况及供应商管理规范情况等内容的综合计算；实现对物资抽检、监造数据的线上自动稽查和预警，辅助业务决策。

（6）全寿命周期质量信息数据库。以实物 ID 为纽带、跨专业数据贯通为主线，贯通规划设计、招标采购、生产制造、施工安装等九大业务环节，建立跨专业、一站式、结构化的全寿命周期质量信息数据库，实现设备质量的全链条信息归集及问题溯源。

（四）"e 物资"质量管理

"e 物资"是国家电网公司供应链业务的移动应用，突破原有电脑端系统所带来的时间、空间和功能上的限制，改善用户使用体验。其中质量管理模块称为"e 质控"，主要包含基础数据查询、监造管理、监造查询、抽检取样、收样、抽检查询、质量追溯管理等功能。

1. 基础数据查询

基础数据查询包括技术标准查询、监造机构查询和检测机构查询。业务人员可随时在线查阅、下载所需的技术标准，查询监造和检测机构的资质、人员数量和能力详情等基本信息。

2. 监造管理

监造管理：监造业务人员查看监造任务信息，并对任务问题、任务信息、工序问题、见证信息等内容进行录入。

3. 监造查询

监造查询：在移动端查看任务信息、工序信息、见证信息监造等相关信息。

4. 抽检取样、收样

抽检取样、收样：抽样人员可查看和录入取样的任务信息。收样人员接收样品后，核对样品数量、填写收样日期，并拍照记录样品情况上传至系统，完成收样。

5. 抽检查询

抽检查询：在移动端查看取样信息和检测结果基本信息。

6. 质量追溯查询

质量追溯查询：业务人员可使用"扫一扫"功能，在移动端扫描质量追溯二维码，核对信息后完成物资的验收，也可查询产品信息和原材料信息。

五、人才队伍支撑体系

党的二十届三中全会强调，必须深入实施科教兴国战略、人才强国战略、创新驱动发展战略。国家电网公司围绕质量监督管理总体目标，以提高职业技能和思想理论素质为重点，围绕驻厂监造、云监造、到货抽检等业务，通过制定统一工作规范，编制从业人员培训教材，采用专家讲座、在线课程、线下技能培训等多样化的方式，坚持多类别、多层次、多渠道、有针对性地开展教育培训，提高队伍成员的综合能力水平。质量监督"三型"人才培养分为业务成长型、管理数智型、研究专家型，具体内容如下。

（一）业务成长型

1. 培养思路

业务成长型人才培养指针对新入职或转岗人员，通过制度、理论学习，参加供应商现场核实、驻厂监造、物资抽检等质量监督实际工作，建立师徒结对机制，使培养对象具备基本电力物资知识，熟悉质量监督各项业务流程，能够独立完成质量监督各项工作。培养周期为两年。

2．培养方式

（1）建立质量监督专业系统性知识体系。系统学习国家、行业和企业相关标准、供应链管理通则、质量监督管理办法、供应商关系管理办法等国网通用制度，抽检、监造业务相关工作规范。

（2）巩固电气工程基础知识。掌握主要电气设备和材料的常见结构、工作原理、相关原材料/组部件；组织行业动态学习，了解核心电网物资生产制造和关键试验检测新技术、新工艺发展情况。

（3）实际操作熟悉信息化平台。应用 ESC、ECP、EIP 等系统开展日常工作，了解质量监督业务的信息化平台应用情况，逐步提高平台应用深度。

（4）针对性安排现场工作。根据培养对象特点，安排参加供应商服务、供应商资质能力现场核实、监造和抽检飞行检查等一线现场工作，实地学习与供应商交流技能、电网物资生产原理和型式结构，丰富对电网物资生产工艺、试验检测等生产制造及试验过程的实际认识。

（5）"老带新"丰富业务经验。建立师徒结对机制，组织"老带新"经验交流，通过数智型、专家型人才的经验传授，了解国内行业发展进程，熟悉主要供应商的生产制造特点，掌握质量监督工作要点。

3．能力标准

（1）驻厂监造现场、抽样检测现场、供应商核实现场工作时间满 45 个工作日。

（2）了解电网物资技术标准体系，技术标准"查得到"；熟悉质量监督制度和文件要求，相关工作要求"记得牢"。

（3）建立主要电气设备和材料知识体系，熟悉核心电网物资的常见结构、主要生产过程和关键试验检测项目。熟悉供应商服务、核实、评价、不良行为处理等供应商管理相关知识。

（4）能够熟练使用 ECP、EIP 开展日常工作，熟练使用 ESC 提取和进行数据分析；熟悉信息化建设工作流程，能够提出基本业务需求、跟踪功能开发建设。

（5）熟悉主要供应商生产制造体系，熟悉核心电网物资生产制造现场基本情况。

（6）熟悉行业发展情况，了解质量监督工作中的典型问题和处理措施。

（二）管理数智型

1. 培养思路

管理数智型人才的培养是针对达到业务成长型标准的培养对象，通过牵头组织开展物资检测、驻厂监造、云监造、供应商资质能力核实、制造体系评估、不良行为处理等工作，实现对质量监督业务的全面细致掌握，重点培养专精方向，深入掌握1～2类物资生产制造体系，能够独立牵头本专业技术和管理工作，组织开展专题专项工作。熟练应用 ECP、ESC、EIP 业务功能，支撑质量监督工作数智化开展。培养周期为3年。

2. 培养方式

（1）利用业务轮岗机制丰富知识储备。建立关键岗位胜任能力模型，选拔适合的人才进行培养。通过多岗位轮换，丰富人员工作经验，扩大其知识储备，使其对质量监督业务有整体了解。

（2）边学边干夯实理论基础。组织培养对象选择1～2类物资（如线圈类、开关类、线缆类、材料类）作为重点培养的专精方向，重点学习相关的理论知识，了解行业动态。参与典型物资的检测过程、设备驻厂监造过程、设备云监造工作过程、供应商资质能力核实过程、制造体系评估过程，针对各项质量监督业务的典型技术问题提出解决方案。

（3）培养锻炼信息化业务管理和设计能力。带领培养对象参与信息化平台研讨、会议交流等活动，重点了解信息化平台发展动态。熟练使用 ECP、ESC、EIP 的线上分析统计、业务智能应用功能，实现数智化办公。承担信息化平台的建设、运营工作，开展信息化管理、考核工作。

（4）创造参与标准编制与管理创新的机会。带领培养对象参与行业、企业标准制修订工作，增加与行业专家人才的交流学习，增进培养对象理论知识储备深度。组织培养对象积极参与管理创新工作，发掘管理工作的新思路、新视角，培养技术、管理复合人才。

3. 能力标准

（1）掌握1～2类物资制造关键工序、检验检测等相关技术标准和规范，具备审查监造总结、检测报告等能力。能独立牵头带队组织专项核实，具有供应商服务意识。

（2）掌握物资抽检计划制定、样品管理、检测试验、报告出具等业务流程，对不合格样品问题成因具备基本的分析能力。

（3）掌握监造管理中的重点和难点问题、各单位针对常见问题的典型处理措施。

了解监造过程中常见的技术问题，熟悉工艺流程特点，能够分析典型质量问题成因。

（4）掌握供应商服务、核实、评价、不良行为业务流程，对关键节点控制有初步概念。对全景质控体系的搭建、各环节作用有深刻认识。对供应商管理典型问题能够独立解决，提供管理思路，形成分析报告。

（5）能够脱稿演示 ESC、ECP、EIP 功能，向第三方展示信息化业务成果。能够牵头组织平台新增业务功能的需求编制和功能建设。

（6）能够参与行业和企业标准制修订，提出有效的制修订意见，能够参与管理创新等分析和提升工作，提出提升措施。

（7）能够指导和培训业务成长型人才。

（三）研究专家型

1. 培养思路

研究专家型人才培养是针对达到管理数智型标准的培养对象，通过组织课题研究攻关、牵头大型专题专项工作、组织标准制修订和管理创新等措施，全面提高创新创造能力、提升理论知识高度、丰富业务管理经验、提升组织协调能力，加深信息化业务理解，锻造技术与管理复合的专家型人才。培养周期为 5 年。

2. 培养方式

（1）委托牵头组织质量监督、供应商管理专项工作。委派培养对象作为业务牵头人和技术审核把关专家，组织开展专项抽检、监造现场巡查、飞行检查等工作；有效组织专家团队分析技术问题、管理难点，把关专家巡查、审核意见。作为业务牵头人组织大型核实项目，完成全流程管控、汇报，组织完成制造体系评估、不良行为处理、供应商大会等重点任务。

（2）委托组织标准和制度编修工作。委托培养对象组织和参与国家、行业和企业标准制修订工作，参与标准体系规划，审核制修订专家建议；牵头组织和参与国家电网公司制度编制工作，参与制度体系修订。

（3）委托牵头创新与难点攻关。委托培养对象牵头组织或参与技术创新和理论创新等工作。全流程跟踪项目进度，并提出指导性意见。针对业务发展方向，结合 ECP、EIP 等信息化平台迭代，带领团队开展信息化平台优化提升、重点难点专项攻关。

（4）发挥专家作用，促进经验传承。通过师徒结对机制，有意识丰富培养对象的技术知识和管理经验，带领业务成长型、管理数智型人才成长。同步促进培养对象吸收管理方式、技术分析的新思维、新看法，实现共同成长。

（5）总结经验，提升行业引领能力。总结管理和技术经验，提炼形成专利、论文等创新成果，编写或参与编写质量监督与设备技术著作、培训教材；积极参与行业研讨、会议交流等活动，积极分享工作经验和技术观点。

3. 能力标准

（1）具备对实际工作的业务指导与技术把关能力，能够牵头组织质量监督、供应商管理专项工作，牵头组织标准、制度编修，对技术报告、专家意见进行专业审核和把关。

（2）针对质量监督管理工作中的流程堵点、业务痛点、管理难点提出创新的提升措施，切实解决工作上的问题，提升管理工作质效。

（3）牵头组织科技项目、技术攻关和信息化建设项目，充分发挥专家技术特长，具备技术创新、项目管理、协调统筹能力，形成 5 项及以上标准、专利、论文等成果。

（4）具有良好的行业口碑和行业认可，具备较强的行业发展引领能力。

（5）能够指导和培训业务成长型、管理数智型人才。

（四）质量监督专家人才库

国家电网公司在"三型"人才培养体系的基础上，组建了由电科院、监造单位、检测机构专家与物资专业骨干组成的"专家库"团队，承担标准引领、绿色低碳、数字智能等重点任务，形成横向业务全面覆盖、纵向梯队紧密衔接的"专家库"团队，打造具有质量监督专业特色、物资专业示范引领效应的人才培养高地，为深化全景质控工作质效提升，推动绿色现代数智供应链高质量发展提供人才支撑。

第三章

国家电网公司驻厂监造

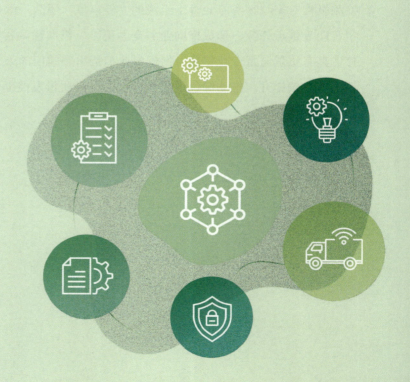

设备驻厂监造作为协助和促进制造企业确保设备质量和生产效率的重要手段，在中国制造业的高质量发展中发挥了重要作用。国家电网公司逐步建立起统一领导、分级实施的监造管理体系，全面实施重要设备监理，通过开展驻厂监造业务，督促、协助供应商严格按合同履约，保证设备质量及供货进度，保障电网工程顺利实施。

本章首先介绍了驻厂监造的目的、范围、组织体系、工作依据等内容；然后围绕驻厂监造业务流程，介绍了具体实施环节，包括监造单位选择、计划制定、业务执行、问题处理及监造评价等环节；最后列举了驻厂监造管理实施典型案例，具体阐述了驻厂监造在设备制造环节预防和消除质量缺陷方面发挥的积极作用。

第一节　驻厂监造概述

国家电网公司设备监造是指监造单位按照采购合同约定，对设备在生产过程中的工艺流程、制造质量及进度等进行监督的活动。驻厂监造是设备监造单位组织专业人员到供应商生产现场跟踪制造全过程，对设备的制造质量与进度进行监督。

一、驻厂监造目的

国家电网公司通过监造单位代表委托方见证监造设备质量与采购合同的符合性，协助和促进制造厂保证设备制造质量，督促供应商履行合同规定的生产进度，严格把好质量关，杜绝常见性、多发性、重复性质量问题，把产品缺陷消除在厂内，防止不合格品出厂。

二、驻厂监造范围

驻厂监造范围包括 12 类物资，具体包括：220～750kV 变压器、电抗器、组合电器，500～750kV 断路器、串联补偿装置，750kV 互感器、隔离开关、避雷器，220kV 及以上电缆，500～750kV（电压等级工程）铁塔、导地线、光缆。直流工程、特高压交流工程驻厂监造范围应包括但不限于：500kV 及以上变压器、1000kV 电抗器、换流变压器、交流断路器、平波电抗器、桥臂电抗器、换流阀、调相机、组合电器等设备以及铁塔、导地线、光缆、金具、绝缘子、地脚螺栓、防坠落装置等材料。抽水蓄能和新能源工程分别由相关专业部门确定驻厂监造范围，其他电压等级的设备材料，由各网省单位根据本省情况自行选择。

三、驻厂监造组织体系

常规电网设备监造由各省级电力公司物资管理部门组织实施。其主要职责是：负责本单位设备材料监造的归口管理；制定本单位设备材料监造管理制度，组织开展本单位监造工作；协调处理产品质量问题，监督制造厂整改；对所属单位的监造工作进行指导、检查和考核；总结、分析本单位监造工作，并做好信息报送；依据合同及相关规定，处理有关产品质量问题，并与招标采购联动。

直流输电工程、特高压交流工程设备的监造由总部特高压部组织实施，抽水蓄能和新能源工程设备的监造由抽水蓄能和新能源部组织实施，其他设备由总部相关部门组织实施。其主要职责是：对监造工作提供技术支撑；参与物资管理部门组织的监造业务工作；配合物资管理部门处理有关重大产品质量问题，并对制造厂的整改情况进行验收；及时将安装、调试及运行阶段发现的物资质量问题反馈至物资管理部门，指导后续监造工作。

（一）监造委托方

监造委托方是委托设备监造服务的组织，一般为设备采购部门（单位）或项目管理部门（单位）。监造委托方职责和权限有：

（1）在确定监造单位后通知制造厂。授权代表具体负责协调项目部门、监造单位、制造厂之间的事宜。

（2）向监造单位提供监造工作所需的有关监造设备的合同文件、资料、图纸和数据等文件（含补充、修改文件）。

（3）通知监造单位参加设计联络会或将会议纪要转发监造单位，向监造单位进行技术交底（含设计变更）。

（4）确认监造实施细则。回复监造单位、制造厂送达的见证通知、问题处理意见等联络函件，对于监造委托方与制造厂间产生的相关意见通报监造单位。

（5）通知项目建设管理单位、运维单位进行关键点见证和出厂验收（出厂试验见证），收集相应的见证或验收报告。

（6）有权参加设备的质量见证，检查、监督监造单位的监造工作。

（7）监造单位未按监造服务合同履行监造职责或给监造委托方造成损失的，监造委托方有权要求监造单位更换相关人员（包括总监造工程师），并依据监造服务合同追究监造单位相应的监造责任。

（二）制造厂

制造厂是指设备生产制造现场所在的法人单位，包括其外协方和外供方。设备的制造质量由与委托方签订供货合同的设备供应商全面负责。设备监造并不减轻制造厂的质量责任，不代替委托方对设备进行最终质量验收。制造厂的职责和权限有：

（1）履行设备采购合同中有关设备监造条款的要求，配合设备监造工作。按规定或约定时间通知监造委托方或监造单位设备开工时间，提交必要的开工文件资料。

（2）接受监造组进行的监造实施细则交底。提供管理体系及人员资格证明文件，以及与设备有关的计算报告、标准、主要工艺文件及装备清单。参加监造会议。

（3）向监造组提供相关支撑文件，包括主要原材料/组部件的供应商清单、质量证明文件、入厂检验记录，以及对主要原材料/组部件的监造文件资料。

（4）向监造组提供所需查阅的图纸、工艺文件、过程控制和检验记录、试验方案、记录和报告等文件资料。

（5）解决监造组提出的问题。

（6）通知监造组参加质量分析会。

（7）在关键点见证和出厂验收（出厂试验见证）前提交检验计划，并配合监造组或验收组完成见证工作。

（8）配合执行国家电网公司的设备放行规定。

（三）监造单位及监造组

监造单位是具有企业法人资格，取得设备监理资质，按照与监造委托方签订的设备监造服务合同，从事设备监造服务的组织。监造单位是监造业务的实施主体，对被监造设备的制造质量和生产进度承担监造责任，具体责任在监造服务合同中予以明确。

驻厂监造组由监造单位派驻制造厂现场对设备生产制造过程的质量关键点与进度进行监督见证的人员组成。监造单位根据项目需要，配备人员组成监造组，并报委托方确认。委托方需核实驻厂监造组成员的相应资质及人员配备情况能否满足监造物资质量和进度方面的要求。驻厂监造组主要成员有总监造工程师、监造工程师。监造单位/监造组的职责权限有：

（1）监造单位组建监造组并报监造委托方确认。

（2）监造组向监造委托方收集监造设备的订货合同、技术协议或投标技术文件、设计联络会纪要、生产计划等文件资料（含合同变更、设计变更等补充或修改文件），可查阅制造厂图纸、工艺文件、过程控制和检验试验记录等设备相关的技术文件。

（3）根据要求参加监造设备相关的设计联络会、质量分析会、协调会等；按监造工作实际需要组织各类监造会议；参加由监造委托方组织的关键点见证和出厂验收（出厂试验见证）会议，并收集相关的会议纪要或见证、验收报告。

（4）监造组编制监造实施细则，经总监造工程师审核后报监造委托方确认，向制造厂交底。

（5）检查制造厂管理体系、人员资格的证明文件，以及与设备有关的方案、计划、标准、主要工艺及装备等。

（6）在设备生产制造的每道工序前，向制造厂收集相关支撑文件，包括主要原材料、组部件的质量证明文件及进厂检验记录，并留存备查。

（7）审查外购原材料/组部件的质量，对监造设备制造过程中制造厂的工作质量、设备质量和进度进行检查、监督，对监造设备完工资料进行审核。

（8）监造组有权对监造设备的质量和进度提出监造意见，及时指出或制止发现的问题并督促闭环处理，出现重大质量问题应及时报告监造委托方；在出现重大质量问题时，征得监造委托方同意后，有权签发停工令。

（9）按规定或约定时间向监造委托方报送监造信息，发出关键点见证和出厂验收（出厂试验见证）时间的通知并配合实施，协助开展履约协调，签发设备放行文件，提交设备监造工作总结。

（10）根据监造委托方授权，对监造设备的采购合同款支付申请进行审核和签证。

四、驻厂监造工作依据

监造依据一般包括国家相关法律法规、国家电网公司设备（材料）监造规范等相关规定，以及设备采购合同、监造服务合同等。例如 GB/T 26429《设备工程监理规范》、DL/T 586《电力设备监造技术导则》、企业标准《电网物资监造规范》和《采购标准（通用技术规范）》等，以及不同监造设备的专业技术标准 GB/T 1094《电力变压器》、GB/T 7674《额定电压 72.5kV 及以上气体绝缘金属封闭开关设备》等。

（一）国家电网公司驻厂监造规范

为全面提升驻厂监造工作规范化水平，国家电网公司组织制定了国家电网公司企业标准《电网物资监造规范》。该标准编制是在国家电网公司变电设备监造大纲及监造作业规范的基础上，结合近年设备监造工作经验，并参照国家及 IEC 等相关标准制定。

《电网物资监造规范》对 220～750kV 交流电力变压器、220～750kV 油浸式电抗器、252～800kV 气体绝缘金属封闭开关设备、252～800kV 高压交流断路器等全部监造设备（材料）的监造范围、程序、技术要求和深度作了规定，提出确保监造工作开展的最低限度要求，重点规定了各类设备（材料）的监造要点。

监造规范的结构一般包括 9 个一级目录和 5 个附录，见表 3-1。

表 3-1　　　　　　　　　监造规范结构

序号	一级目录	二级目录	说明
1	范围	—	规定了标准适用的范围
2	规范性引用文件	—	通过文中的规范性引用而构成本文件必不可少的条款
3	术语和定义	—	规定监造工作相关的术语与定义
4	一般要求	—	对监造工作的一般性要求
5	监造单位和监造人员	监造单位	对监造单位资质、业绩等方面的要求
		监造人员	对监造人员职称、经历等方面的要求
6	各方职责和权限	监造委托方职责和权限	在制造厂职责与权限中，强调在每道工序前，向监造单位提交相关支撑文件，包括主要原材料、组部件（包括外协加工件、委托加工材料）的供应商清单、质量证明文件、试验/检验报告及进厂检验记录。在监造单位职责与权限中，强调在每道工序前，向制造厂收集以上文件
		监造单位（监造组）职责和权限	
		制造厂职责和权限	
7	监造工作实施	前期工作	详细规定了监造过程各节点的工作要求及发现问题的处理方式
		监造实施	
		后期工作	
8	监造信息	—	监造信息载体分为监造记录表格（包括监造日志、监造工作联系单、监造见证表等）及监造相关报表（包括监造周报、监造即时报、监造问题统计表等），作为资料性附录
9	电工装备智慧物联平台监造	前期工作	详细规定了监造过程中，应用电工装备智慧物联平台，辅助开展驻厂监造的工作要求
		监造实施	
		后期工作	
10	附录 A　监造资料汇总	—	监造所需的资料名称及提供时间要求
11	附录 B　监造项目及见证要求	—	监造项目及见证要求

续表

序号	一级目录	二级目录	说明
12	附录 C　监造工作记录	—	监造日志、工作联系单、监造见证表、监造总结等文件格式
13	附录 D　项目单位填报表格	—	出厂验收记录等文件格式
14	附录 E　监造相关报表	—	监造周报、即时报等文件格式

（二）国家电网公司监造标准的编制与修订

监造标准根据以下原则编制：在国家电网公司变电设备监造大纲及各类设备监造作业规范的基础上，总结现有监造实践的经验，并参照国家及 IEC 相关标准制定。在总则部分规定了监造工作的程序、职责、方式等内容，在附录中重点规定了 220～750kV 电力监造要点，内容与最近工程的设备技术规范保持一致。标准的编制征求了项目管理部门、物资管理部门、监造管理部门、监造单位、监造组、变电设备专家、设备制造商等相关人员意见，力求标准准确、可行。

国家电网公司已制定监造方面国家电网企业标准 13 项，牵头发布中国设备监理协会团标 9 项，监造标准清单见表 3−2。

表 3−2　　　　　　　监 造 标 准 清 单

序号	分类	标准名称
1	中国设备监理协会团标	电力工业输电线路铁塔制造监理技术要求（T/CAPEC 22—2020）
2		电力工业输电线路电力金具制造监理技术要求（T/CAPEC 21—2020）
3		电力工业光纤复合架空地线（OPGW）制造监理技术要求（T/CAPEC 20—2020）
4		电力工业导线、地线制造监理技术要求（T/CAPEC 19—2020）
5		电力工业直流控制保护设备制造监理技术要求（T/CAPEC 17—2020）
6		电力工业直流穿墙套管制造监理技术要求（T/CAPEC 16—2020）
7		电力工业晶闸管换流阀制造监理技术要求（T/CAPEC 18—2020）
8		电力工业换流变压器制造监理技术要求（T/CAPEC 14—2020）
9		电力工业干式平波电抗器制造监理技术要求（T/CAPEC 15—2020）
10	国家电网企业标准	电网物资监造规范　第 1 部分：220kV～750kV 交流电力变压器
11		电网物资监造规范　第 2 部分：220kV～750kV 油浸式电抗器
12		电网物资监造规范　第 3 部分：252kV～800kV 气体绝缘金属封闭开关设备
13		电网物资监造规范　第 4 部分：252kV～800kV 高压交流断路器
14		电网物资监造规范　第 5 部分：252kV～800kV 高压交流隔离开关和接地开关
15		电网物资监造规范　第 6 部分：750kV 电容式电压互感器

序号	分类	标准名称
16	国家电网企业标准	电网物资监造规范　第 7 部分：500kV 电流互感器
17		电网物资监造规范　第 8 部分：750kV 交流避雷器
18		电网物资监造规范　第 9 部分：500kV～750kV 串联补偿装置
19		电网物资监造规范　第 10 部分：220kV～500kV 电力电缆
20		电网物资监造规范　第 11 部分：220kV～750kV 输电线路铁塔
21		电网物资监造规范　第 12 部分：500kV～750kV 交流输电工程导、地线
22		电网物资监造规范　第 13 部分：500kV～750kV 交流输电工程光缆

五、驻厂监造方式

根据质量控制的重要程度和特点，驻厂监造方式主要包括文件见证、现场见证和停工待检。

（一）文件见证（R 点）

文件见证是查阅供应商提供的合同设备的原材料/组部件、外购外协件试验报告和入厂验收记录等资料，并与实物相核对。

（二）现场见证（W 点）

现场见证是在现场对产品制造过程中的某些过程进行监督检查。现场见证项目应由监造单位对设备的制造、试验和检验等过程进行现场监督检查。

（三）停工待检（H 点）

停工待检是重要工序节点、隐蔽工程、关键的试验验收点或不可重复试验验收点，必须有物资需求部门/单位和监造单位参加现场见证。停工待检点需由监造单位签认后方可转入下道工序。

六、驻厂监造结果应用

驻厂监造结果为现场设备验收、运行阶段质量分析、绩效评价及资质能力信息核实提供了参考依据。

（一）现场设备验收

在设备现场验收环节，必要时可向驻厂监造单位核对出厂前发运清单核实情况、冲撞记录仪安装情况及包装情况等见证信息，为设备接收提供参考数据。设备现场验收单位可根据监造单位提供的工作联系单等文件，核查制造厂经项目单位同意应于设备安装现场补充完成的工作内容，为现场验收提供针对性的验收点。

（二）运行阶段质量分析

驻厂监造工作形成的各类过程记录，如设备制造阶段的各类技术参数、出厂试验阶段的各项试验数据等，可作为运行阶段设备质量异常情况分析的参考依据。

（三）绩效评价及资质能力信息核实

将监造工作中发现的重大质量问题、多发性的进度问题、多发性的严重违约行为及制造厂不配合监造工作等行为，作为供应商绩效评价的依据。将监造工作中发现的制造厂质量管理体系运行异常、生产经营发生重大变故等情况，作为供应商资质能力信息核实的依据。

第二节　驻厂监造业务实施

国家电网公司驻厂监造业务流程一般主要包括单位选择、计划制定、业务执行、问题处理、出厂验收及评价。国网物资部制定质量监督技术、管理标准，提出年度工作要求，物资公司编制监造计划，组织实施。省公司物资管理部根据工作需要选择监造单位，省物资公司和项目单位组织、监督监造计划执行，收集、反馈物资质量信息。省公司物资管理部组织对物资质量信息进行汇总、统计和分析，处理相关问题，并上报国网物资部。省公司物资管理部组织物资公司及时对监造结果进行处理，对重大问题需同时报送总部，同时督促供应商整改。驻厂监造业务实施主要流程包括：驻厂监造单位选择、驻厂监造计划制定、业务执行、问题处理、出厂验收及驻厂监造评价。

一、监造单位选择

监造委托方可委托专业监理公司或者派遣本单位监造单位实施。委托方可直接委托本单位所属的具有相应物资监造资质的分支机构开展监造业务。委托本单位所属分支机构外的监造单位开展监造业务时，委托方应严格履行公司服务类采购相关程序，签订委托协议，协议中需明确监造相关职责、费用等事项。

二、监造计划制定

驻厂监造计划由省公司物资公司编制，是驻厂监造工作的总体实施计划。依据总部规定的范围，省公司制定的重点计划包括年度监造计划、月度监造计划。

（一）驻厂监造计划制定依据

驻厂监造计划的依据主要包括国家电网公司总部规定的监造范围；省公司重点关注的项目、设备、供应商和制造环节；省公司物资管理部制定的物资质量管理工作阶段性工作重点；根据监造大纲和物资质量管理技术指导文件，确定的各类物资的监造内容；设备合同的签订情况，供应商排产计划和生产进度。

（二）驻厂监造计划分类

驻厂监造计划一般包括年度监造计划、月度监造计划。

1. 年度监造计划

结合上一年度设备监造工作开展情况、本年度工程项目情况和物资采购需求，制订本年度监造计划，对本年度监造工作的重点内容、环节等方面进行规划。

2. 月度监造计划

根据年度监造计划和物资合同签订情况，确定本月需要监造的设备和供应商，制订月度监造计划。明确供应商、实施时间、项目信息、物资名称、监造方式、具体监造要求等任务信息。

三、监造业务执行

驻厂监造业务的开展分为前期工作、驻厂监造以及后期工作三个阶段。

（一）前期工作

监造委托方与监造单位签订监造服务合同后，及时书面通知制造厂。

监造单位根据项目规模、设备等级等因素组建监造组，确保人员资格及专业、数量满足监造工作要求。

监造委托方需监造单位参加项目设计联络会时，提前通知监造单位。及时向监造单位提供设备采购合同、技术协议或投标技术文件、设计联络会纪要（含设计变更）等文件资料，以保证监造单位及时获得必要的监造依据。

制造厂在开工前提供生产计划及其他开工必要的文件资料。生产计划中应明确标识外协加工的部件或工序。

监造组依据设备的订货合同、招投标技术文件、设计联络会纪要、生产计划和监造委托方的监造要求，按照规定编写相应的监造实施细则，报监造委托方确认。

开工前监造组依据监造实施细则与制造厂沟通，并留存过程记录，主要包括监造工作的目标、程序、各方的责任和权限；监造见证点、见证方式、见证内容及要求；如制造厂提出异议，应报监造委托方；对制造厂配合监造工作的要求。

监造组熟悉制造厂的企业性质、隶属关系和人员构成等基本信息；审查制造厂按照 GB/T 19001 标准建立了质量管理体系并良好运行的证明文件；查看人员资格、生产环境、生产装备、试验设备、检测仪器仪表的满足性，以及其他相关基本信息。

（二）驻厂监造

监造组按照监造作业规范和监造实施细则要求开展设备监造工作，日常巡检跟踪监造设备制造过程的质量和进度，对关键点的制造过程和质量检查结果进行见证和确认，并完成相关监造记录。监造实施主要有：

（1）根据采购合同双方约定的交货期，核实制造厂设备生产计划是否满足要求。掌握设备生产、加工、装配和试验的实际进展情况，督促制造厂按约定要求如期履约。

（2）监督见证主要生产设备、操作规程、检测设备及检测方法、人员上岗资格、设备制造和装配场所的环境。

（3）监督见证外购的主要原材料/组部件情况。

（4）监督见证制造厂内设备关键组部件的生产加工过程，监督见证设备本体生产制造关键工序，以及各制造阶段的检验或测试。

（5）审查制造厂设备出厂试验方案的试验项目、试验方法及顺序、接受准则等内容，判断其完整性、符合性及可操作性，报送监造委托方；监督见证设备所有出厂试验过程和结果。

（6）通知监造委托方，并配合项目建设管理单位、运维单位组成的验收组实施出厂验收（出厂试验见证）。

（7）检查设备包装质量、存放和装车发运准备情况。

（8）完成监造信息的采集、统计、分析和报送工作。

（三）后期工作

监造工作结束后，监造单位应及时汇总、整理监造工作的有关资料、记录等文件，按有关规定归档备查，并完成监造工作总结，提交监造委托方。

四、监造问题处理

监造工作中发现的问题类别主要有：质量问题、进度问题及其他违约行为。

（一）质量问题

1. 质量问题的界定

针对质量问题，按其影响程度，分为一般质量问题、重大质量问题两个等级。

（1）一般质量问题的界定。在设备生产制造过程中，出现不符合设备订货合同规定和已经确认的技术标准/文件要求的情况，通过简单修复可及时纠正的问题。

（2）重大质量问题的界定。重大质量问题主要包括但不限于：

1）制造厂擅自改变订货合同规定的原材料、组部件、外协件配套供应商或规格型号，或采用劣质的主要原材料、组部件、外协件。

2）在设备生产制造过程中，制造厂的管理或生产环境失控，明显劣化的。

3）设备出厂试验不合格。

4）需要较长时间才能修复，影响交货进度的。

2. 质量问题的处理

（1）一般质量问题的处理。发现一般质量问题时，监造组及时查明情况，向制造厂发出监造工作联系单，要求制造厂分析原因并提出处理方案，监造组审核后监督制造厂实施，直至符合要求；及时报告监造委托方。

（2）重大质量问题的处理。发现重大质量问题时，监造组向制造厂发出监造工作联系单，并以监造"即时报"方式在 24 小时内报送监造委托方；按照监造委托方反馈的意见决定是否停工处理；要求制造厂分析原因并提出解决方案；监造组审核方案并报监造委托方确认，依据确认后的方案监督、跟踪处理结果，直至符合要求。

（二）进度问题

通过驻厂监造实时掌握制造进度进而完成进度监督是驻厂监造业务的重要内容，进度监督过程中发现的问题为进度问题。

1. 进度问题的界定

交货期不能满足要求；可预见的、可能出现的延误等皆属于进度问题。

2. 进度问题的处理

监造组发现进度问题时向制造厂发出监造工作联系单，及时上报监造委托方，并根据监造委托方的要求及时督促制造厂完成进度纠偏，形成闭环处理。

（三）其他违约行为

其他违约行为是指质量问题及进度问题以外的问题，主要包括合同履行、管理隐患、工作配合等方面。

1. 其他违约行为的界定

其他违约行为主要包括：

（1）制造厂擅自转包、分包合同的。

（2）制造厂产品质量管理存在漏洞，无法保证产品质量。

（3）制造厂不配合监造工作，或对监造过程中发现的问题整改不积极等。

2. 其他违约问题的处理

监造组发现上述其他违约行为时，应及时报送监造委托方。

在处理上述问题过程中，如存在以下情形时，监造组应书面征得监造委托方同意，由总监造工程师向制造厂签发停工令。

（1）经监造组指出且充分沟通协调后制造厂仍拒不整改的。

（2）监造组与制造厂意见不一致，继续生产可能导致问题被掩盖或留下隐患的。

（3）重大质量问题的整改方案涉及影响设备性能或寿命的，未经同意擅自开始整改的。

五、出厂验收

出厂验收是指，依据采购合同、技术规范书及相关标准，对全部或部分试验项目进行见证或检验，对设备质量进行确认。出厂验收还包括检查（抽查）监造过程文件，检查设备包装、储存、发运等。主要流程如下：

（1）监造单位根据设备生产进度提前（不少于 7 个工作日）向监造委托方报送设备出厂试验日期。

（2）设备监造委托方通知相关项目建设管理部门（单位）、运维部门（单位）参与验收。

（3）验收组（项目建设、运维单位、物资管理部门专家）、监造单位及供应商共同见证出厂验收（特殊情况下，可采取远程视频验收）。

（4）验收组应于出厂验收工作完成后 5 个工作日内完成出厂验收报告的编制，验收组、监造组及供应商人员共同签字确认后交监造委托方备案。

六、驻厂监造评价

驻厂监造评价旨在综合考量供应商及驻厂监造组的能力、水平，通过评价提高供应商及驻厂监造组工作质量，包括对供应商的评价和对驻厂监造组的评价。

（一）对供应商的质量监督绩效评价

对供应商的质量监督绩效评价内容及方法如下：

1. 评价内容

依据评价时间范围内完成出厂试验的设备监造总结报告等文件，对产品的原材料采购、制造、试验、储存和发运等生产全过程开展质量评价。

2. 评价时间范围

供应商绩效评价所需质量信息和数据统计年限宜为 2 年。

3. 驻厂监造评价方法

按照监造质量问题分类分级表对发生的质量问题进行评价，分为一般质量问题和重大质量问题。通过对监造质量问题进行分类分级，确定基本扣分值，一般质量问题基本扣分值为 1 分，重大质量问题基本扣分值为 15 分。根据监造设备出厂试验完成时间设置四个等级的权重系数，出厂试验完成时间越早，权重系数越小。质量问题应扣分值由基本扣分值和权重系数共同决定，即质量问题应扣分值等于该质量问题的基本扣分值乘以权重系数。引入"威尔逊置信区间"和"线性函数映射插值法"对评价得分进行修正，通过多条件控制、多区间修正，使最终的绩效评价得分能更为客观、准确地反映供应商的质量水平，综合不同供货数量、物资品类、质量管控评价周期等因素对评价得分的影响，建立标准化、规范化和流程化的供应商质量监督评价体系。

4. 评价记录及结果

在电网物资供应商质量监督管理绩效评价过程中，应对物资品类、供应商名称、样品数量、评价细度、监造质量问题扣分值进行记录。

（二）对驻厂监造单位的评价

国家电网公司通过现场飞行检查、监造报告和数据审查等方式，采用积分制管理模式对监理公司、驻厂监造组及监造人员实施考核与评价。考核评价内容包括：人员配置及到岗到位情况、监造工作的实施、监造相关事项（问题）的协调及处理、工作记录、台账资料管理、监造总结、信息报送、信息平台应用情况、与委托方及供应商的沟通协调情况、现场工作行为规范等。

对于运行阶段发生的监造设备故障，通过审查监造日志、监造总结进行监造工作质量追溯，发现监造不到位问题的，依据积分制管理规范、监造服务合同严肃追责。

第三节 驻厂监造典型案例

国家电网公司在驻厂监造实践过程中，形成了一批覆盖变压器、电抗器、组合电器、断路器等主设备的监造案例。所示案例反映出的问题带有一定的普遍性，解决问题的经验和技巧方法有可推广交流的价值，对监造模式从被动的符合性监造向主动的预防性监造转变具有较好的指导意义。

一、某 220kV 组合电器盆式绝缘子出厂试验放电问题处理

（一）案例简介

某输变电扩建工程 220kV 全封闭组合电器（GIS），数量共计 2 个间隔（3 号主变压器间隔、4 号主变压器间隔），由某外商独资开关设备企业制造。本工程为 220kV 扩建工程，对于缓解局部用电高峰供需矛盾、规避电网运行风险有着重要的作用和意义。

根据 GIS 监理合同规定，对 220kV GIS 设备制造全过程的质量和进度进行管控，GIS 原材料/组部件包括断路器、母线、隔离—接地开关、电压互感器、电流互感器、避雷器、套管等，监理方式为驻厂监造。对制造厂管理体系、生产环境、原材料/组部件、生产过程（分装、总装）、出厂试验及包装发运进行驻厂监造见证。GIS 采用主变压器架空进线、双母线接线方式，壳体采用三相分箱结构，同一间隔的不同母线隔离开关各自设置独立隔室。断路器操动机构采用进口液压操动机构，隔离开关、接地开关采用三相分箱结构，操动机构配置电动操动机构。盆式绝缘子采用真空环氧树脂浇注工艺和外沿带金属法兰的结构型式。

驻厂监造人员现场检查时，发现本工程采用外沿带金属法兰的盆式绝缘子，预留的特高频局部放电测量窗口采用金属（铝板）封板和螺栓固定，窗口盖板材质不能满足不拆卸进行特高频局部放电检测的技术要求（盖板应采用 PVC 或其他非金属材料）。

依据国家电网公司 Q/GDW 13097.1—2018《126kV～550kV 气体绝缘金属封闭开关设备采购标准（第 1 部分：通用技术规范）》5.1.3 具体要求："d）绝缘隔板：9）采用外沿带金属法兰的盆式绝缘子，但应预留窗口且满足不拆卸进行特高频局部放电检测的要求，预留窗口防护片寿命应与设备本体寿命一致"。该外资开关设备制

造企业现有的相关国家电网公司工程均以改扩建工程为主，其相关人员未能及时了解和掌握国家电网公司反措和采购通用技术规范中相关技术要求的动态变化。对于国家电网公司工程，仍按照设计习惯统一采用针对国外客户和其他客户使用的金属盖板型盆式绝缘子，未及时响应和满足国家电网公司有关"采用外沿带金属法兰的盆式绝缘子，但应预留窗口且满足不拆卸进行特高频局部放电检测"的技术要求。制造厂设计人员未能充分考虑现场验收以及运维检修过程中，对间隔进行局部放电在线检测时，因拆解金属盖板造成的工作量大和试验效率不高等问题。如本项目单间隔盆子数量：7 个×3 相＝21 个；一个盆子附带一个金属盖板，一个金属盖板附带四个固定螺栓；如采用金属盖板，现场特高频局部放电检测需拆解金属盖板螺栓：21×4×（2 间隔）＝168 个，工作量相对较大。

（二）问题发现及处理

监造人员发现上述问题后立即向制造厂发送监造工作联系单，并同时向委托方发送"即时报"。根据委托方的回复意见，监造人员积极协调项目单位和制造厂，由物资公司牵头，建立由物资公司、检修公司、监造单位和制造厂共同参与的"组合电器盆式绝缘子特高频局部放电窗口问题技术交流组"，制造厂按监造单位和项目单位提出的技术要求采取以下整改方案：盆式绝缘子特高频局部放电检测窗口采用小批量尼龙封板试样，在制造厂试验大厅不拆卸尼龙盖板进行特高频局部放电检测，验证是否满足局部放电试验要求，试验通过后再进行批量更换。

制造厂将外协厂家提供的小批量尼龙封板样品全部安装在盆式绝缘子预留局部放电检测窗口。具备局部放电试验条件后，监造人员和制造厂共同现场见证，物资公司和检修公司相关人员进行多方远程视频见证，监造人员把现场试验数据、试验记录及试验录像，实时向技术交流组汇报，同时委托方、项目单位及时将验收意见反馈给技术交流组，为最终圆满解决这一质量问题架起一座高效畅通的沟通桥梁。

具体现场见证情况如下：制造厂按相关标准、设计文件的技术要求，对本项目GIS 设备施加额定电压值 252kV，时间 3min，不拆卸盆式绝缘子检测盖板进行特高频局部放电测试，局部放电实测值在 0.3～0.6pC 之间，与脉冲电流法测量结果基本一致，满足国家电网公司外沿带金属法兰的盆式绝缘子不拆卸盖板进行特高频局部放电检测的技术要求。

（三）结果及成效

制造厂按委托方和监造组提出的整改意见，对特高频局部放电检测窗口更换尼龙封板（试样）后，不拆卸封板进行特高频局部放电测试，与脉冲电流法局部放电测试结果比对顺利通过，验证了尼龙封板（试样）完全满足国家电网公司相关要求，后续可进行大批量更换。

制造厂要求外协厂家大批量提供与尼龙封板（试样）一致的产品，在设备发运前全部更换完成，确保本项目所有间隔的盆式绝缘子满足了国家电网公司有关"采用外沿带金属法兰的盆式绝缘子，但应预留窗口且满足不拆卸进行特高频局部放电检测"的技术要求。

通过本次质量问题整改，有效减少了制造厂在设备安装现场落实整改而带来的人工、时间和费用等成本；同时也避免了运维单位人员在现场交接验收试验和运行检修时，进行特高频局部放电检测而面临的因拆解金属盖板引起的巨大工作量和试验效率不高等问题。

针对国家电网公司下发的十八项反措和设备采购通用技术规范，监造人员要熟知和掌握并督促制造厂执行到位；制造厂采用的生产工艺或组部件是否对现场运维工作有不利因素，监造人员要做到提前预判；督促制造厂开展新产品、新工艺批量生产前，要进行有针对性的样品试验，样品试验合格后方可进行批量生产；监造单位要为业主和运维单位把好质量关，搜集整理现场验收时的有关特殊技术要求，用丰富的精湛专业知识做好监造服务，让业主满意。

二、某 750kV 主变压器油箱箱底异物原因分析及处理

（一）案例简介

某 750kV 输变电工程变电站新建工程共 6 台 750kV 电力变压器，该工程项目被列为样板工程建设项目，为委托方重点关注项目，产品型号为 ODFPS－700000／750，在 1 号主变压器第 2 台安装现场芯检时，发现油箱内存在金属异物，后续对现场其他 4 台变压器内检中也发现类似问题，后对问题变压器进行了返厂检查。

经问题分析，应为箱底焊缝处的焊接缺陷或焊接部件的边角、加强铁等不易观察处，在油箱抛丸打砂过程中残留有钢丝段。厂内制造过程中，由于清理不彻底，产品试验、内检后，厂内抽真空充入高压力的干燥空气时的冲击或产品在运输过程中道路颠簸、震动，使得残留的钢丝段脱落。

在监造过程中，油箱制作及清理、总装配前油箱、器身检查及清理、出厂试验后二次吊罩等关键工序环节，监造组进行了现场见证，但未能发现油箱及器身残留金属

异物的质量问题。通过此次问题的发现，制造厂改善了生产工艺控制，监造单位也改进了监造措施，杜绝类似情况再次发生。

（二）问题发现及处理

1 号主变压器第 2 台内检时，在油箱箱底发现有较多金属异物，近 100 粒。之后其他未安装的 4 台产品也发现箱底有少量异物。异物分布在高、低压箱壁附近。经调查分析，确定异物为油箱制造过程中除锈喷丸打砂用"钢丝段"（也叫钢砂，商品名为钢丝切丸）。

1. 变压器金属异物产生原因

（1）金属异物的性质。经调查分析，确定异物为油箱制造过程中除锈喷丸打砂所用的"钢丝段"（商品名为钢丝切丸），直径 1mm，长度 2mm，也有少量焊渣。因钢丝段为循环重复使用，在多次使用过程中，油箱焊接产生的焊渣也会有少量混入。

（2）金属异物来源。异物来源于箱底 ϕ80mm 注油管接头焊缝处，焊接存在缺陷。由于在焊接弯管时焊道不满、存在凹坑，在油箱打砂处理过程中，焊缝凹坑处积存了钢丝段，且在后续油箱喷漆前的清理工作中未清理干净，导致焊缝中的钢丝段被油漆覆盖。箱底 ϕ80mm 注放油管接头焊缝，受到油箱侧壁狭小空间影响，隐蔽位置不易施焊。

箱底加强铁内侧焊道为 90°平面焊接，打砂时因钢砂冲击力大，内侧焊道容易夹渣，且不易观察和清理。

（3）温度计座、箱壁小管接头等部位不易施焊，焊道容易成型不好导致夹渣。

因钢丝段发现位置多在箱底加强铁附近，应为箱底焊缝处的焊接缺陷或焊接部件的边角、加强铁等不易观察处，在油箱抛丸打砂过程中残留有钢丝段，油箱喷漆前后清理不彻底。产品在厂内装配及试验过程中并未掉落，厂内试验后内检时未发现，内检后，产品抽真空充入高压力的干燥空气时，瞬时压力差产生的冲击力可能导致钢丝段脱落；或产品在运输过程中道路颠簸、震动，使得残留的钢丝段脱落。

2. 整改处理措施

金属异物控制方面的改进措施，包括两个方面：①改进箱底 ϕ80mm 弯管的位置、长度或结构，使其到箱壁和箱底的距离增大，便于施焊，避免焊接死角，消除盲区；②加强油箱焊接过程控制，在焊后喷漆前、喷漆后增加检查清理手段、责任落实到人。

（1）焊接过程的控制。对油箱内部不易施焊或盲焊部位，焊后用反光镜配合手电筒、拍照片、内窥镜等方法实施检查，对发现的焊接问题重新施焊、重新检验。

（2）抛丸除锈过程的控制。在抛丸前，对螺纹孔用螺栓进行有效防护，防止损坏螺纹或内部存有异物不易清理。

油箱抛丸除锈后，产品喷漆前再次清理时，自检、互检和专检责任到人实施三重检验，确认油箱清理情况，并留存记录。

（3）涂漆后清理过程的控制。产品涂漆后进行整体清理，尤其对边角、油道、加强铁、管接头等不易观察的部位进行重点清理。如有因结构原因无法施焊或满焊的部位，用阿尔法特胶封堵。再次进行自检、互检和专检三重检验确认，直至检验合格。产品清理终检合格后按照要求进行转交前防护，防止二次污染。

（三）结果及成效

（1）省公司物资部根据国家电网公司相关物资管理制度和合同条款，要求制造厂对该项目工程主变压器质保期延长 12 个月，根据变压器采购合同到货期及实际到货期情况进行合同履约处罚。同时责成设备监理单位参与、协助问题的处理，完善监造措施，加强管理、明确责任、吸取教训，不断提高监造的产品质量和监造服务工作水平。

（2）通过本次质量问题的整改处理，帮助制造厂改进了整个油箱制作的零部件加工、焊接工序、抛丸处理、油漆处理及各工序质量控制等环节，为保证和提高制造厂未来同类型产品的质量打下了基础。

（3）通过本次质量问题的整改处理，深化了对质量问题的鉴别、分析、查找和整改的认识，强化锻炼了监造工程师发现问题、解决问题的能力，对油箱制作全过程质量实施监督，消除类似质量隐患。

第四章

国家电网公司云监造

电力设备监造作为质量监督的重要手段，不仅有助于保障电力设备的质量和安全，还能够提高供应链的效率和管理水平。在电网技术不断创新、各种新型电力设备不断投运的新形势下，为进一步补充和完善现有设备监造体系，国家电网公司依托电工装备智慧物联平台（EIP），创新开展云监造，实时掌握生产进度、制造质量等关键信息，促进供需双方高效协同，提升供应商智能制造水平，有效保障了重大设备制造的质量，提升了设备管理水平和监造效率。

本章首先介绍了云监造的定位、范围、组织体系、业务内容和标准；然后围绕国家电网公司云监造业务流程，介绍了云监造单位选择、任务下发、任务执行和云监造评价等具体实施环节；最后列举了两个具体的实践案例，阐述了云监造在提高设备制造水平方面发挥的积极作用。

第一节 云监造概述

云监造是监造单位与供应商协同，通过 EIP 实时监测生产制造全过程，依据国家、行业标准和采购技术规范对供应商的生产制造的风险点进行智能感知、预警，供需双方协同分析处理告警问题的一种手段，实现对入网设备生产制造过程的监督管控，将质量监督工作延伸到生产制造阶段，同时推动供应商数字化转型，建立完善的质量管控体系，提升整体制造水平。

一、云监造定位

相对驻厂监造的技术手段和装备来说，云监造是驻厂监造工作的深化和提升。云监造通过 EIP，实现了监造工作的数字化、智能化，减少了现场的人力、物力、管理等成本的投入。

对于驻厂监造范围外的其他物资，云监造填补了生产制造阶段质量监督的空白，实现物资质量监督管控前移，实现质量管控覆盖率 100%，大幅提升了电网设备质量水平。云监造不代替驻厂监造和到货抽检，是驻厂监造和到货抽检工作的补充和延伸。

二、云监造范围

云监造范围包括 37 类物资，具体包括变压器、电抗器、电流互感器、电压互感器、避雷器、组合电器、断路器、电容器、继保安稳、监控设备、玻璃绝缘子、瓷绝缘子、复合绝缘子、角钢塔、钢管塔、钢管杆、中压电缆、高压电缆、导地线、OPGW－OPPC 光缆、ADSS 光缆、充电桩、采集器、电能表、无人机、机器人、配电变压器、高压开关柜、低压电缆、配网导地线、抽水蓄能、隔离开关、金具、电缆终端、电缆中间接头、环网柜和配电箱等。

三、云监造组织体系

国家电网公司云监造工作由国网物资部统一管理，各省级电力公司物资管理部门具体实施。

（一）云监造委托方的职责与权限

云监造委托方一般为设备采购部门（单位）或项目管理部门（单位），具体职责如下：

（1）协调云监造单位、项目单位、制造厂之间的事宜，并对本单位云监造工作进行日常管理。

（2）向云监造单位提供云监造工作所需的有关云监造设备的合同、资料、图纸、数据、设计联络会议纪要等文件（含补充、修改文件）资料。资料提供的时间、方式、数量、回收要求、保密要求、工作流程等应在云监造服务合同中约定。

（3）及时组织处理云监造过程中的重大质量和进度问题。

（4）有权对云监造单位和制造厂进行检查、监督、考核。

（二）云监造单位职责和权限

云监造单位是具有企业法人资格，取得相关资质，按照与云监造委托方签订的云监造服务合同，从事云监造服务的组织，对被监造设备的制造质量和生产进度承担监造责任。云监造单位是云监造工作的实施主体，具体职责如下：

（1）云监造单位应组建云监造组并报云监造委托方确认，云监造总工程师的更换应经云监造委托方书面同意。

（2）云监造组应从云监造委托方收集云监造设备的订货合同、技术协议或投标技术文件、设联会纪要、生产计划等文件资料（含合同变更、设计变更等补充、修改文件），可查阅制造厂图纸、工艺文件、过程控制和检验试验记录等设备相关的技术文件。

（3）云监造组应参加云监造委托方组织的设计联络会、质量分析会、协调会等会议。

（4）云监造组应通过 EIP 开展云监造工作。云监造组应审查制造厂上传的外购原材料、组部件的质量证明文件；应检查、监督云监造设备制造过程中制造厂的工作质量、设备质量和进度；应审核云监造设备完工资料；可根据各物资特点，开展线上和线下协同的监督检查。

（5）云监造组应对委托方负责，对监造设备的质量和进度提出监造意见，及时指出或制止发现的问题并督促整改闭环；如遇重大质量问题，应即时报告云监造委托方，按照云监造委托方反馈意见处理。

（6）云监造组应按云监造委托方要求定期报送云监造工作报表，信息报送应做到渠道畅通、传递及时、内容准确。

（三）制造厂的职责和权限

制造厂是云监造工作的被监督主体，具体职责如下：

（1）积极配合设备云监造工作，对上报平台数据的真实性、及时性、完整性负责。

（2）通知云监造委托方及云监造单位设备开工时间，按要求在 EIP 提交排产计划和参数规范。

（3）在开工前通过 EIP 上传主要原材料、组部件相关支撑文件。

（4）通过 EIP 及时处理发生的质量、进度告警，闭环解决云监造组提出的问题，应通知云监造组参加问题分析会。

（5）根据实际工作需要，在成品入库阶段向 EIP 推送实物 ID。

四、云监造业务内容

云监造的业务内容主要包括对设备生产制造全流程、全过程的全量数据归集、实时在线监督、问题线上协同和多维智能评价四部分。

（一）全量数据归集

依托 EIP 的物联网络，云监造业务开展对所监造物资从排产计划到原材料、组部件信息，再到生产制造关键工艺参数、试验关键数据，直至产品入库发运信息的全量数据归集，并最终形成标准化、模式化的数字档案，实现长期安全存储，真正做到生产制造全流程、全过程可溯源。

（二）实时在线监督

依托 EIP 的各类分布式信息采集装置，云监造人员可开展对制造厂质量管理体系及生产运行环境的线上实时监控，对设备生产、加工、装配的全过程关键数据的线上实时核查和视频监控，对设备出厂试验的试验项目、过程、方法、结果的数据实时在线审核和视频监控。另外，云监造人员可打破传统监造业务的时空限制，同时开展多个不同产线或不同工序的在线实时监督。

（三）问题线上协同

依托 EIP 的协同质控功能，云监造人员可在出现质量或进度问题的第一时间得到平台自动告警，根据告警内容判断严重程度后，通过平台发起协同处理流程，按需邀请云监造委托方、制造厂、技术第三方，在线开展问题处理，直至问题闭环解决。

（四）多维智能评价

依托 EIP 的数智制造能力评价功能，平台可根据预先设定的参数规范，对每条订单的生产制造质量给出智能评分。同时，定期开展全量数据分析，从工艺、产品、制造商、行业等多个维度，给出智慧评价和趋势分析，为物资采购方加强质量管控提供数据支撑，为制造商找准定位和改进提升提供参考。

五、云监造工作依据

（一）云监造依据

云监造工作依据是国家相关法律法规、国家标准和行业标准、EIP 云监造技术规范等资料，以及设备采购合同、监造服务合同、技术规范书和设联会纪要等。例如：GB/T 26429《设备工程监理规范》、DL/T 586《电力设备监造技术导则》、企业标准《电网物资云监造技术规范》和《采购标准（通用技术规范）》等。

（二）云监造标准

为全面提升云监造工作规范化水平，国家电网公司着手组织制定企业标准《电网物资云监造技术规范》。《电网物资云监造技术规范》对电力变压器、组合电器、高压开关柜、电力电缆、智能电表、抽水蓄能机组等电网物资云监造的范围、程序、技术要求和深度作了规定，提出确保云监造工作开展的最低限度要求，重点规定了各类电网物资的云监造见证要点与要求。

云监造标准的结构一般包括 7 个一级目录，如表 4-1 所示。

表 4-1 云 监 造 标 准 结 构

序号	一级目录	主要内容
1	范围	规定了标准适用的范围
2	规范性引用文件	通过文中的规范性引用而构成本文件必不可少的条款
3	术语和定义	规定云监造工作相关的术语与定义
4	云监造前期工作准备	对云监造前期准备工作的一般性要求
5	云监造过程见证	对云监造原材料、组部件见证、生产工艺及过程见证、出厂试验见证、成品入库见证的要点、要求及方式进行详细规定
6	云监造问题分类及处理	详细规定了云监造工作过程中的主要问题及分类方法，并给出了相关问题的处理方式
7	云监造报告	对云监造报告的内容、生成时效与流程做出了详细规定

（三）云监造标准的编制与修订

在国家电网公司变电设备监造大纲、各类设备监造作业规范及 EIP 云监造工作规范的基础上，国家电网公司总结现有云监造实践的经验，并参照《电网物资监造规范》《电工装备智慧物联平台互联供应商数据采集及接口规范》及国家、IEC 等相关标准，制定云监造标准。云监造标准规定了监造工作的过程、要求、问题处理等内容。标准的编制征求了物资管理部门、项目管理部门、监造管理部门、监造单位、监造组、电网物资专家、设备制造商等相关人员意见，力求标准准确、可行。

截至 2023 年 12 月，国家电网公司已制定云监造方面企业标准 38 项，云监造标准清单见表 4-2。

表 4-2 云 监 造 标 准 清 单

序号	标准名称
1	电网物资云监造工作规范
2	电网物资云监造技术规范 第 1 部分：变压器
3	电网物资云监造技术规范 第 2 部分：电抗器
4	电网物资云监造技术规范 第 3 部分：电流互感器
5	电网物资云监造技术规范 第 4 部分：电压互感器
6	电网物资云监造技术规范 第 5 部分：避雷器
7	电网物资云监造技术规范 第 6 部分：组合电器
8	电网物资云监造技术规范 第 7 部分：断路器
9	电网物资云监造技术规范 第 8 部分：电容器
10	电网物资云监造技术规范 第 9 部分：6kV～35kV 电力电缆

序号	标准名称
11	电网物资云监造技术规范　第 10 部分：66kV～500kV 电力电缆
12	电网物资云监造技术规范　第 11 部分：导、地线
13	电网物资云监造技术规范　第 12 部分：光纤复合架空地线、光纤复合架空相线
14	电网物资云监造技术规范　第 13 部分：全介质自承式光缆
15	电网物资云监造技术规范　第 14 部分：盘形悬式瓷绝缘子
16	电网物资云监造技术规范　第 15 部分：盘形悬式玻璃绝缘子
17	电网物资云监造技术规范　第 16 部分：棒形悬式复合绝缘子
18	电网物资云监造技术规范　第 17 部分：继电保护和安全自动装置
19	电网物资云监造技术规范　第 18 部分：监控设备
20	电网物资云监造技术规范　第 19 部分：用电信息采集设备
21	电网物资云监造技术规范　第 20 部分：智能电能表
22	电网物资云监造技术规范　第 21 部分：机器人
23	电网物资云监造技术规范　第 22 部分：无人机
24	电网物资云监造技术规范　第 23 部分：角钢塔
25	电网物资云监造技术规范　第 24 部分：钢管塔
26	电网物资云监造技术规范　第 25 部分：钢管杆
27	电网物资云监造技术规范　第 26 部分：充电设备
28	电网物资云监造技术规范　第 27 部分：配电变压器
29	电网物资云监造技术规范　第 28 部分：0.6/1kV 电力电缆
30	电网物资云监造技术规范　第 29 部分：配网导、地线
31	电网物资云监造技术规范　第 30 部分：高压开关柜
32	电网物资云监造技术规范　第 31 部分：环网柜（箱）
33	电网物资云监造技术规范　第 32 部分：配电箱
34	电网物资云监造技术规范　第 33 部分：电力金具
35	电网物资云监造技术规范　第 34 部分：隔离开关
36	电网物资云监造技术规范　第 35 部分：电缆终端
37	电网物资云监造技术规范　第 36 部分：电缆中间接头
38	电网物资云监造技术规范　第 37 部分：抽水蓄能机组设备

六、云监造方式

根据质量控制的重要程度和特点，云监造方式主要包括文件见证、采集见证和停工待检。

（一）文件见证（R点）

文件见证是由云监造工程师对制造厂提供到EIP的文件资料进行审查的监造控制点。文件资料一般包括原材料、组部件出厂质量证明文件及入厂检验记录、制造过程检验记录、出厂试验报告等。

（二）采集见证（W点）

采集见证是由云监造工程师对设备制造的工序、检验和试验的过程及结果中采集的数据、视频进行见证或确认的监造控制点。

（三）停工待检（H点）

停工待检是在云监造工程师监督、见证下进行，并对结果确认后转入下一个过程、工序或节点的监造控制点，一般包括重要关键节点、隐蔽工程、关键试验验收点或不可重复验证的试验验收点等。

第二节　云监造业务实施

云监造业务实施流程主要包括选择云监造单位、下发云监造任务、实施过程见证、问题处理及生成云监造报告，具体流程如图4-1所示。

一、选择云监造单位

云监造委托方按年度选择（委托）具有云监造能力的监理单位或检测机构，开展 EIP 互联物资的云监造。云监造委托方与云监造单位签订云监造服务合同，并及时通知制造厂。

二、下发云监造任务

云监造委托单位根据云监造服务合同，通过EIP向云监造单位下发云监造任务。云监造单位组建云监造组，开展云监造服务合同约定范围内设备的云监造工作。

三、云监造任务执行

云监造任务执行包括前期工作、过程见证、问题处理、云监造报告和后期工作等环节。

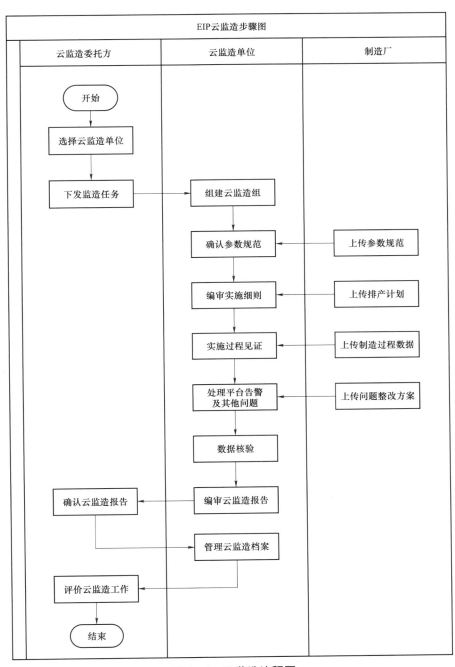

图 4-1　云监造流程图

（一）前期工作

1. 前期沟通

云监造单位在工作开始前应与制造厂沟通云监造事项，主要包括：

（1）云监造工作的目标、程序、各方的责任和权限。

（2）云监造见证点、见证方式、见证内容及要求。

（3）制造厂配合云监造工作的要求等。

2. 资料收集

云监造组应及时从云监造委托方收集监造所需的订货合同、技术协议或投标技术文件、设联会纪要等文件资料（含合同变更、设计变更等补充、修改文件等）。在项目开工前 3 个工作日以内，制造厂通过 EIP 上传该项目的参数规范，监造人员进行审核，在所有参数审核通过后应确认启用。

3. 排产确认

云监造组及时跟踪云监造订单状态，通过 EIP 获取设备排产计划，并审核确认排产计划交货期应满足合同交货期的要求。云监造组跟踪设备订单在 EIP 中的状态，云监造订单状态由"待生产"转为"生产中"时，即可进入云监造过程见证环节。

（二）过程见证

1. 关键点见证

云监造组应跟踪设备制造过程的质量和进度，对关键点的制造过程和质量检查结果进行见证和确认，过程见证主要技术要求如下：

（1）通过 EIP 查看原材料、组部件检验情况，核查已完成检验的主要原材料、组部件的规格型号、制造厂等信息应与合同文件、技术文件一致，检测结果应满足相关标准、技术文件的要求。

（2）通过 EIP 查看生产工艺及过程检验情况，审核确认制造厂推送及平台自动采集的设备制造过程控制参数和检验试验结果，以及视频展示的制造过程控制情况，相关数据应满足相关标准、技术文件的要求。

（3）通过 EIP 查看出厂试验情况，审核确认制造厂推送及平台自动采集的出厂试验数据和结果，以及视频展示的试验过程，应满足合同文件、相关标准及技术文件的要求；审核制造厂上传的出厂试验报告，应与 EIP 审核确认通过的数据一致。

（4）通过 EIP 查看成品入库情况，核对实物 ID 或设备出厂编号等唯一性标识、规格型号、数量、入库时间、检测结论等信息，应完整、正确。

2. 监造总结

各关键点过程见证完成后，云监造组应根据见证结果及时维护 EIP 关键点见证报告。对于 EIP 发出的质量、进度告警信息，以及云监造组发现的质量、进度问题，应在 EIP 关键点见证页面的对应数据项判定为"否",并在对应数据项的备注栏中简要描述问题现象、处理过程及结果。

（三）问题处理

监造组在开展云监造工作过程中发现问题时,应先对问题进行合理归类,再进行处理。云监造工作中发现的问题类别主要有制造质量、生产进度、数据质量及其他违约行为。

1. 制造质量问题

按制造质量问题影响程度,分为一般质量问题、重大质量问题两个等级。

（1）一般质量问题:主要是在设备生产制造过程中,出现不符合设备采购合同约定和已经确认的技术标准/文件要求的情况,通过简单修复可及时纠正的问题。

监造组发现一般质量问题时,及时查明情况,通过 EIP 协同质控模块通知制造厂,督促制造厂及时分析原因并提出处理方案。监造组需审核问题处理方案,并实时跟踪问题处理进度和电工装备智慧物联平台数据,直至符合要求。

（2）重大质量问题:在设备生产制造过程中,发生的整改难度较大、造成停工或整改周期较长,甚至对设备预期功能、交货期造成较大影响的质量不合格或质量缺陷,主要包括但不限于下列情况:

1）制造厂擅自改变订货合同规定的原材料、组部件、外协件配套制造厂或规格型号,或采用劣质的主要原材料、组部件、外协件。

2）在设备生产制造过程中,制造厂的管理或生产环境失控,明显劣化的。

3）设备出厂试验不合格。

4）需要较长时间才能修复,影响交货进度的。

监造组发现重大质量问题时,通知制造厂停工待检,待影响产品质量的问题解决、生产制造工艺改进后方可恢复生产。

2. 生产进度问题

进度问题主要包括不能满足交货期要求,可预见的可能出现的延误等。监造组发现进度问题时应及时查明情况,通过电工装备智慧物联平台协同质控模块跟踪处理进度,直至符合要求。

3. 数据质量问题

数据质量问题主要包括制造厂数据填报错误、数据缺失等。监造组发现数据质量问题时，负责通过 EIP 协同质控模块或电话通知制造厂及时整改，跟踪整改进度，直至符合要求。

4. 其他违约行为

其他违约行为主要包括擅自转包、分包，制造厂产品质量管理存在不能保证产品质量漏洞，制造厂不配合云监造工作，或对监造过程中发现的问题整改不积极等。监造组发现上述问题时，应及时报送监造委托方，按照监造委托方反馈的意见进行处理，跟踪处理进度，直至符合要求。

针对上述重大质量问题、进度问题、数据质量问题及其他违约行为等，严格依照国家电网公司相关规定及合同约定进行处理。

（四）云监造报告

云监造工作结束后，云监造组应在 7 个工作日内通过 EIP 生成云监造报告，由云监造单位内部确认云监造报告的合规性、正确性，确认无误后由云监造委托方最终审核。

云监造报告应包含监造任务下的所有生产订（工）单，符合云监造报告格式要求，覆盖云监造过程全部关键信息，包含参数规范信息、关键点见证信息、协同质控信息、告警处理信息、监造总结等。监造总结部分应完整准确，并对云监造见证过程作出规范性总结描述。总结内容应包括：对关键点数据的完整性、及时性、技术标准符合性的总体评价结果，见证过程发现问题和处理结果及其他特殊事项等。

（五）后期工作

云监造任务完成后，云监造组应对云监造记录和资料的分类、标识、归档等进行管理，包括但不限于设备制造过程质量情况、生产进度信息、问题处理记录等。涉及有关过程的记录文件，应按云监造委托方的规定归档备查。

四、云监造评价

（一）对供应商质量监督绩效评价

根据云监造情况对供应商做出的云监造评价是供应商质量监督管理评价指标之一。

1. 评价内容

依据评价时间范围内 EIP 生成的云监造产品质量评价报告，对电网物资供应商进行绩效评价。

2. 评价时间范围

供应商绩效评价所需质量信息和数据统计年限为 2 年。

3. 云监造评价方法

云监造评价依据 EIP 生成的云监造产品质量评价报告中的综合评分进行。评分采用加权平均法计算，初始得分由行项目数、产品质量综合评分和产品数量共同决定。引入"威尔逊置信区间"对评价得分进行修正，使最终的绩效评价得分能更为客观、准确地反映供应商的质量水平。

4. 评价记录及结果

在电网物资供应商质量监督管理绩效评价过程中，应对云监造绩效评价初始得分值、扣分值进行记录。

（二）对供应商数智制造能力评价

国家电网公司常态化开展 EIP 互联供应商数智制造能力评价，深化评价结果与采购评审联动，促进平台云监造业务加快发展，打造电工装备物联网样板工程，引领带动链上电工装备制造企业数字化制造、智能化制造转型升级，从源头提高入网设备质量。

1. 评价依据

国家电网公司制定了《电工装备智慧物联平台互联供应商数智制造能力评价导则》，覆盖平台全部 37 类物资品类。

2. 评价周期

每半年开展一次评价工作。

3. 评价方法

（1）评价指标体系。评价指标由接入能力和应用质量两个一级评价指标组成。接入能力由供应商的接入验收标准符合性、非必选项接入率、数据自动采集率三个二级指标组成。应用质量由供应商的接入数据质量合格率、数据上传及时率、数据完整率三个二级指标组成。根据二级指标的重要性情况，分别赋予不同的权重。评价指标组成详见表 4－3。

表 4－3　　　　　　　　　评价指标组成

一级指标	二级指标	权重（%）
接入能力	接入验收标准符合性	60
	非必选项接入率	20
	数据自动采集率	20
应用质量	数据质量合格率	30
	数据上传及时率	40
	数据完整率	30

（2）评价权重设置。鉴于不同物资品类供应商接入情况的差异，结合评价目标导向，按照中标供应商接入比例情况，对"接入能力""应用质量"两个指标分类别赋予差异化的权重。

1）中标供应商接入比例较高（90%＜接入比例≤100%）的品类，需要重点引导供应商提高应用数据质量，设定接入能力权重为30%，应用质量权重为70%。

2）中标供应商接入比例中等（50%＜接入比例≤90%）的品类，需要兼顾鼓励供应商积极接入和提高数据质量，设定接入能力权重为50%，应用质量权重为50%。

3）中标供应商接入比例较低（0%＜接入比例≤50%）的品类，需要重点引导供应商鼓励供应商积极接入，设定接入能力权重为70%，应用质量权重为30%。

（3）评价总分计算。评价数据滚动更新，由四个评价周期组成，每半年一个评价周期，数据统计年限合计为2年。按照评价日期越近，权重占比越高的原则，评价总分由近四个周期评价分数加权得到。

4. 评价记录及结果

应用 EIP 运营管理模块计算评价结果，评价、公示、复议全程在线实施。

（三）云监造单位评价

为规范云监造业务，云监造委托方依据合同及工作要求，对云监造单位的工作质量进行考核评价。考核的重点为标准规范启用规范性、任务完成及时性、关键点见证正确性、告警问题协同处理情况和云监造总结报告质量等。

第三节　云监造典型案例

云监造作为驻厂监造和到货抽检工作的补充和延伸，充分发挥绿色现代数智供应链信息化平台建设成果效能，用数据采集替代人工记录，用智能计算替代人为判断，弥补了驻厂监造和到货抽检工作无法全过程不间断监督的传统缺陷，拓展了质量监督业务监督管控的范围和时域，实现了质量监督业务由点到面的升维转型，有力支撑物资质量监督工作。本节将从两个案例入手，分享国家电网公司开展云监造的案例和经验。

一、云监造电能表案例

（一）案例简介

某电能表制造厂承接某省电力公司电能表生产制造业务，产品规格为单相智能电能表，数量为 715000 只。

电能表类物资原有质量监督的一般方式为生产制造完成后开展到货检测。云监造业务在国家电网公司全系统推广后，该省公司积极推进质量监督关口前移，组织云监造单位对该批次产品开展了云监造。

（二）问题发现及处理

云监造人员在对该项目进行 EIP 监造数据在线审查时发现，有一条生产订单出现质量告警。告警内容为出厂试验中平均误差值为 1.497%，超过±0.6%的允许误差范围。

1. 原因分析

云监造人员通过对 EIP 上该批次产品数据进行分析，发现该批次单相表平均误差范围均控制在±0.6%之间（详见图 4-2），但该条试验数值为 1.497%，与该批次其他合格产品数值差异明显，偏离控制范围过大，且条目数极少。经与制造厂技术人员协同沟通，初步判断该条数据为偶然出现的数据偏差，不能说明该批次产品存在质量瑕疵，可能是试验设备出现问题，导致该数据异常。

▎出厂试验 - 基本误差详情

生产订（工）单：100000157045	数量：12001	单位：只	试验开始时间：2022-12-07 13：34：39
试验结束时间：2022-12-15 16：36：56	试验名称：正向-有功-0.05Ib1.0	状态：● 完成	合格率：99.99%
最大值：1.476	最小值：-0.147	平均值：0.058	规格型号：DDZY285-Z220V0.25-0.5（60）AA级ABLZ...

| | 自动采集 | 过程检验 |

最新采集数据		
平均误差	单位	检测时间
0.067	%	2022-12-13 15:45
0.044	%	2022-12-13 15:45
0.051	%	2022-12-13 15:45
0.052	%	2022-12-13 15:45
0.047	%	2022-12-13 15:45

图 4-2　订单出厂试验基本误差详情

2. 问题处理

云监造人员要求制造厂人员根据问题及初步分析情况，对校验台进行了检查，发现某一表位接触点压接存在不到位的情况，通过多次对该校验台进行测试，最终确认此表位故障造成基本误差数据超标。制造厂随即对问题校验台进行了调整，确保所有表位接触点压接到位，并将出现告警的产品重新进行试验，产品试验顺利通过。

（三）改进提升措施

本案例问题发生在出厂试验环节，校验台表位存在压接故障。针对此问题，总结提出了两个方面的改进提升举措：①在出厂试验前，要求制造厂加强对校验台、检定台等自动化检测设备的检查，提前完成试验设备相关功能调试，确保试验设备的可靠性；②在出厂试验阶段，云监造人员加强对耐压、基本误差、日计时误差等试验数据的实时监控及预警的跟踪处理，总结监造过程中的常见问题，形成云监造策略库，推动云监造人员业务能力提升。

（四）成效及创新点

本案例中云监造业务的应用对物资供需双方提高管理质效都起到了十分积极的推动作用，通过云监造人员，物资需求单位能够及时接收告警信息，提高了问题发现和处理的时效性，提升了物资质量监督能力。制造厂通过问题协同处理，避免后续电能表出现同类问题而造成停工、返工，提升了此批订单的产品质量，缩短了工期，避免了不必要的经济损失，提高了生产效率。

本案例充分展现了云监造填补传统质量监督业务空白、推动业务转型升级的创新价值：①填补了不开展驻厂监造的物资在生产制造过程中质量监督的缺位，实现了由结果监督向过程监督的转变，推动了监督关口进一步前移；②问题分析过程中，通过数据溯源和可视化展现，精准再现了问题真实情境，为科学判断问题成因提供了有效支撑。

二、云监造组合电器案例

（一）案例简介

某电力设备制造工厂承接制造某变电站新建工程220kV组合电器共计19个间隔，该项目为某市供电公司迎峰度夏重点工程。

220kV组合电器原有质量监督的主要方式为驻厂监造，驻厂监造单位根据监造服务合同及监造委托方相关要求，驻厂全程对设备的质量、进度的关键节点进行监督见证。同时，按照国家电网公司云监造工作规范要求，驻厂监造人员利用EIP同步开展了该项目的云监造。

（二）问题发现及处理

组合电器装配工序对温度、湿度、洁净度要求较高，制造厂对以上参数采取每日两检的方式进行管控。应用 EIP 后，监造人员可以查看环境控制的实时数据及变化趋势，判断是否满足环境控制的要求。

监造人员利用 EIP 对组合电器作业环境数据进行核查时，发现部分时段内外装车间湿度值偏大，最大值已超过 80%（详见图 4-3）。经与驻厂监造工程师联系，得知车间组合电器正进行装配，考虑到湿度超差实质上降低了内绝缘有效裕度，可能存在绝缘风险隐患。

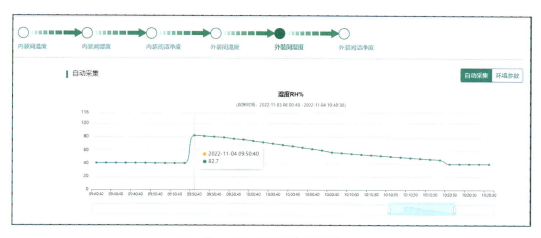

图 4-3　EIP 湿度值详情

1. 原因分析

监造人员组织相关专家及制造厂共同分析湿度超标的原因，通过对湿度值随时间变化的分析，结合厂内工作计划安排，初步判断是由于生产时间段处于梅雨季节，车间工件内外转运频次过高，未设置隔离转运区域，未及时采取除湿措施，致使装配车间湿度陡增。

2. 问题处理

监造人员与制造厂进行沟通协调，采取措施降低车间湿度至 50% 左右，并对装配中的气室进行干燥处理，对已完成封装气室采取间断性抽真空除湿处理，确保气室气体湿度满足标准要求，消除绝缘放电隐患。另外，监造人员通过 EIP 在线环境实时跟踪后续单元装配试验环境的温湿度控制范围，后续出厂单元试验均一次通过。

（三）改进提升措施

本案例是驻厂监造、云监造融合案例，表征问题发生在设备生产环节，作业环境数据超限失控。针对此问题，总结提出了两个方面的改进提升举措：①在云监造过程中加强对生产环境标准的常态监控，拓展建立各核心参数和关键数点的预警阈值，做到早识别、早预警、早处置，确保设备生产环境全时段持续受控；②在云监造过程中根据每批次原材料组部件、装配工艺及环境、试验工装运行工况、作业人员状态四个方面，结合监造经验对易发生问题的关键工序及早介入核验，依据平台数据辅助对设备全过程质量问题进行判定。

（四）成效及创新点

本案例中云监造业务的应用，有效降低了驻厂监造人员常规巡检的工作量，提升了监督效率和质量，提高了监造的管控覆盖能力。制造厂通过分析云监造数据，成功发现了工艺控制中的薄弱环节，并实现了管理水平的进一步提升。

本案例充分展现了云监造拓展传统业务监督覆盖范围、赋能传统业务提质增效的创新价值：①从业务实施方面，对环境湿度、温度、干燥度等类似连续变量的 24 小时不间断监控预警，在监控的精度和连续性上，实现了对传统巡检方式的全方位拓展和升级；②从业务人员方面，摆脱了传统旁站式监督"顾此"则"失彼"的限制，驻厂监造人员可以对生产制造过程开展全局性实时监督，实现了质量监督管理水平和人员利用效率的提升。

第五章

国家电网公司到货抽检

物资质量抽检是供应链质量监督管理的重要形式，可保障入网装备材料满足产品质量标准要求，保障电网安全可靠运行。作为物资到货后质量管控的主要实现手段，国家电网公司全面实施电网物资安装前抽样检验工作，严格把好电网物资入网质量关。

本章首先介绍了国家电网公司抽检的目的、范围、组织体系和工作依据等总体情况；然后围绕抽检业务流程，介绍了抽检计划制定、单位选择、样品管理、作业管理、质量问题处理和异议复检等主要实施环节；最后列举了两项抽检实践案例，展示了抽检在预防批次性质量问题、防范问题设备入网方面发挥的积极作用。

第一节 抽检管理概述

国家电网公司建立总部、省电力公司、地市（县）供电公司三级联动的抽检管理体系，全面开展物资到货抽检工作，并从抽检组织体系、抽检工作依据、抽检项目、抽检方式等方面实施规范化管理，助力各项业务精益化高效开展。

一、抽检目的

物资质量抽检主要针对监造范围以外的常规电网物资和电商物资等，是物资到货验收、交接试验的补充。国家电网公司逐年增加抽检物资品类、加大抽检力度，督促供应商严格按照合同约定供应合格产品，强化质量意识和责任，提升产品质量水平，促进电工装备制造业向中高端健康发展。

二、抽检范围

抽检范围主要包括：未纳入驻厂监造范围的电网一次设备及装置性材料、零星物资（办公类物资、计算机、工器具等），如隔离开关、电流互感器、避雷器、电容器、高压开关柜等设备；配电变压器、箱式变电站、柱上开关等中低压、配网设备；高、低压电力电缆；铁塔、导地线等电网线路材料。已纳入监造范围的设备材料也可根据合同约定或者现场实际需要开展抽检工作。

三、抽检组织体系

抽检组织体系主要包含抽检委托方、供应商和检测机构。

（一）抽检委托方

国家电网公司物资管理部门、专业管理部门和项目管理部门是抽检实施主体，结合产品中标结果，依据物资采购合同，制订抽检工作计划，确定抽检组织模式，负责选择第三方专业检测机构或组建抽检工作组。委托第三方专业机构承担的检测工作，应签订委托服务合同，明确检测试验项目、执行标准及费用等事项。组建的抽检工作组负责具体组织实施抽检物资抽样、送样、收样及检测过程管理，确保抽检工作规范、客观、公正。

（二）供应商

供应商应认真履行物资采购合同中有关设备抽检条款的要求，积极配合抽检工作，对抽检结果进行书面确认。若对抽检结果有异议，可提出复检申请，经供需双方协商，可委托具有相关检测资质的检测机构进行复检。

（三）检测机构

检测机构依据采购合同（技术规范）及抽检规范对样品进行检测。应根据抽检实际需要，配备抽检人员，编制抽检实施方案，经审批后实施。检测应采取盲检方式。对于不具备盲检条件的，应由委托方、供应商代表共同现场见证，并做好相关记录及签字确认。检测机构应及时向委托方反馈检测结果，完成检测报告的编制、送达工作，并汇总分析抽检中发现的产品质量问题，做好抽检全过程档案资料的整理和保管工作。

四、抽检工作依据

抽检工作依据国家相关法律法规、国家标准、行业标准和企业标准、《国家电网公司抽检工作规范》等资料，以及设备采购合同、技术规范书等要求执行。

《国家电网公司抽检工作规范》既是国家电网公司抽检工作的主要标准，也是供应商了解国家电网公司对物资质量的要求、不断改进和提高质量水平的参考性文件。抽检工作规范对各大类物资质量抽检的工作流程和工作标准进行了进一步的细化，包括抽检前期准备、封样、送样、委托检测、检测试验项目、信息管理、不合格分级及后续处理等。同时，还对检测试验结果的判定依据、试验标准、试验报告、反馈单等进行了统一。工作规范包括 7 项一级目录和 8 项附录，清单见表 5-1。

表 5-1 抽 检 工 作 规 范 结 构

序号	一级目录	二级目录	说明
1	范围	—	规定了标准适用的范围
2	规范性引用文件	—	指标准引用了某文件或文件条款后，引用部分就构成了标准整体不可分割的组成部分，引用的文件和条款与标准文本中规范性要素具有同等效力
3	术语和定义	—	规定了抽检相关的术语和定义
4	抽检计划	年度计划	规定了检测计划的制定与下发的管理要求
		月度计划及日常检测任务分配	
5	抽检实施	抽检依据	详细规定抽检实施过程的工作要求
		抽检组织	
		抽样	
		封样	
		委托检测	
		送样	
		收样	
		检测	
		结果判定及反馈	
		试验后样品处置	
		抽检结果处理	
		供应商整改与验收	
		抽检费用	
6	抽检信息管理	抽检结果录入 ECP	规定抽检信息的管理要求
		抽检资料管理	
7	其他	—	规定样品补充、风险防控方面的工作要求
8	附录 A 检测项目	—	规定各类设备的检测项目
9	附录 B 抽样单	—	规定抽样单的文件格式
10	附录 C 样品交接单	—	规定样品交接单的文件格式
11	附录 D 检测报告（模板）	—	规定检测报告的文件格式
12	附录 E 供应商复检申请单	—	规定供应商复检申请单的文件格式
13	附录 F 供应商复检申请回复	—	规定供应商复检申请回复的文件格式
14	附录 G 现场见证单（模板）	—	规定现场见证单的文件格式
15	附录 H 抽检结果分级表	—	规定抽检结果分级的文件格式

物资抽检工作规范覆盖了电网招标采购的主要一次设备和材料，截至 2023 年 12 月，抽检工作规范共 31 册。抽检工作规范清单见表 5-2。

表 5-2　　　　　　　　　　国家电网公司抽检工作规范清单

序号	抽检工作规范名称
1	电网物资抽检规范　第 1 部分：电力变压器
2	电网物资抽检规范　第 2 部分：配电变压器
3	电网物资抽检规范　第 3 部分：气体绝缘金属封闭开关设备
4	电网物资抽检规范　第 4 部分：电抗器
5	电网物资抽检规范　第 5 部分：高压交流断路器
6	电网物资抽检规范　第 6 部分：高压交流隔离开关和接地开关
7	电网物资抽检规范　第 7 部分：电流互感器
8	电网物资抽检规范　第 8 部分：电压互感器
9	电网物资抽检规范　第 9 部分：交流避雷器
10	电网物资抽检规范　第 10 部分：开关柜
11	电网物资抽检规范　第 11 部分：消弧线圈及其成套装置
12	电网物资抽检规范　第 12 部分：高压并联电容器
13	电网物资抽检规范　第 13 部分：箱式变电站
14	电网物资抽检规范　第 14 部分：柱上变压器台成套设备
15	电网物资抽检规范　第 15 部分：环网柜
16	电网物资抽检规范　第 16 部分：低压开关柜
17	电网物资抽检规范　第 17 部分：低压综合配电箱（JP 柜）
18	电网物资抽检规范　第 18 部分：柱上开关
19	电网物资抽检规范　第 19 部分：电缆分支箱
20	电网物资抽检规范　第 20 部分：电能计量箱
21	电网物资抽检规范　第 21 部分：电力电缆
22	电网物资抽检规范　第 22 部分：低压电力电缆
23	电网物资抽检规范　第 23 部分：电缆附件
24	电网物资抽检规范　第 24 部分：电缆保护管
25	电网物资抽检规范　第 25 部分：架空绝缘导线
26	电网物资抽检规范　第 26 部分：铁塔
27	电网物资抽检规范　第 27 部分：导、地线
28	电网物资抽检规范　第 28 部分：电力金具
29	电网物资抽检规范　第 29 部分：线路绝缘子
30	电网物资抽检规范　第 30 部分：支柱绝缘子
31	电网物资抽检规范　第 31 部分：水泥杆

五、抽检方式

依据检测地点的不同，抽检可分为厂内抽检和到货抽检。对于一些特殊设备材料或大型设备，项目单位可按合同约定进行厂内检测。到货抽检可依据物资特点选择施工现场检测、仓储地检测、实验室检测等方式。对于一些特殊物资，可采用多种检测方式进行抽检，例如消弧线圈可采用现场检测与交接试验相结合的方式，电杆可采用厂内检测和现场检测相结合的方式。

六、抽检结果应用

通过物资抽检结果可以直接判定供应商物资质量的管控水平，同时抽检结果也可以应用于以下几个方面：

（1）应用于入网物资质量筛选。抽检结果合格的物资将进入正常的供应程序；抽检结果不合格的物资将按照合同约定进行换货、退货、延长质保期、违约赔偿和核减合同总量等处置，退换货后的物资必须抽检，抽检结果合格方可入网使用，切实保障电网设备本质安全。

（2）应用于供应商评价和全寿命周期质量管理。定期对物资及其他专业部门质量抽检结果进行汇总、分析，依据质量问题分级、分类结果对供应商的产品质量进行评分、评价；同时，抽检结果可以反馈到物资招标采购、到货验收、安装调试和运行维护等各阶段，实现物资全寿命周期质量管理。

（3）应用于电工装备行业整体质量提升。抽检结果可以作为选择供应商的重要参考依据，帮助选取优质供应商，提高物资采购的效率和质量。抽检结果的公开可以增加对供应商的监督和约束力，促进采购市场的规范化和良性竞争。

七、检测能力建设

国家电网公司着力提升电网物资质量检测能力，加强电网设备材料入网检测把关，于 2017 年 9 月制定了《电网物资质量检测能力标准化建设导则（试行）》，将电网物资质量检测能力从高到低分为 A、B、C 三个等级，指导各级物资管理部门根据实际需要，对不同的物资检测进行差异化能力配置。

以电力电缆（1～35kV）为例，A 级检测能力包含导体直流电阻、结构尺寸检查、5min 电压试验等 38 项检测项目，B 级包含绝缘和弹性体护套的热延伸试验、PVC 绝缘和护套抗开裂试验等 13 项检测项目，C 级包含绝缘和弹性体护套的热延伸试验、XLPE 绝缘的收缩试验等 6 项检测项目。电力电缆（1～35kV）试验项目配置能力见表 5-3。

表 5-3　　　　　　　　　　电力电缆（1～35kV）试验项目配置能力

序号	项目名称	检测能力级别		
		A 级	B 级	C 级
1	导体直流电阻	★	★	★
2	结构尺寸检查	★	★	★
3	老化前绝缘的机械性能试验	★	★	★
4	非金属护套老化前的机械性能试验	★	★	★
5	绝缘和弹性体护套的热延伸试验	★	★	★
6	XLPE 绝缘的收缩试验	★	★	★
7	绝缘屏蔽的可剥离性试验（10kV 及以上适用）	★		
8	局部放电试验（10kV 及以上适用）	★		
9	5min 电压试验	★		
10	绝缘电阻测量（3kV 及以下适用）	★		
11	弯曲试验及随后的局部放电试验（10kV 及以上适用）	★		
12	tanδ 测量（10kV 及以上适用）	★		
13	加热循环试验及随后的局部放电试验（10kV 及以上适用）	★		
14	冲击电压试验及随后的工频电压试验（10kV 及以上适用）	★		
15	4h 电压试验	★		
16	半导电屏蔽电阻率（10kV 及以上适用）	★	★	
17	老化后绝缘的机械性能试验	★	★	
18	非金属护套老化后的机械性能试验	★	★	
19	成品电缆段的附加老化试验	★		
20	PVC 护套失重试验	★		
21	绝缘和非金属护套的高温压力试验	★	★	
22	低温下 PVC 绝缘和护套的性能试验	★	★	
23	PVC 绝缘和护套抗开裂试验	★	★	
24	PE 护套收缩试验	★		
25	绝缘吸水试验	★		
26	无卤护套的吸水试验（3kV 及以下适用）	★		
27	黑色 PE 护套的炭黑含量试验	★		
28	透水试验（纵向阻水电缆适用）	★		

序号	项目名称	检测能力级别		
		A 级	B 级	C 级
29	挤包外护套刮磨试验（35kV 适用）	★	★	
30	pH 值和电导率试验（无卤低烟电缆适用）	★		
31	烟密度试验（无卤低烟电缆适用）	★		
32	耐火试验（耐火电缆适用）	★		
33	不延燃试验	★		
34	电缆的成束燃烧试验（阻燃电缆适用）	★		
35	HEPR 绝缘的硬度试验	★		
36	HEPR 绝缘弹性模量测定	★		
37	EPR 及 HEPR 绝缘耐臭氧试验	★		
38	弹性体护套浸油试验	★		

第二节 抽检管理业务实施

国家电网公司物资抽检管理业务主要包含抽检计划制定、抽检单位选择、抽检样品管理、抽检作业管理及抽检问题处理等方面，工作基本流程包括抽检计划编制及下达、抽样、封样、送样交接、检测、返样、质量问题处理、出具检测报告和信息归档等。抽检管理业务实施流程如图 5-1 所示。

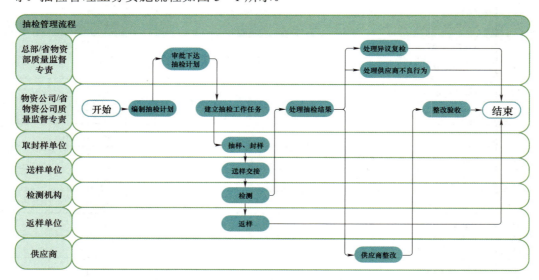

图 5-1　抽检管理业务实施流程图

一、抽检计划制定

国家电网公司各单位物资管理部门根据物资供应计划、供应商信息、物资类别和抽检等级等信息，制定物资质量抽检计划。按照组织实施方式分类，抽检可分为常规抽检和专项抽检。

（一）常规抽检

常规抽检是加强物资质量监督管理的重要举措，主要针对集中采购的输变电、配网设备材料等电网物资、电商平台交易专区采购的物资等。常规抽检的原则是按照供应商、物资品类、到货批次"三个百分百全覆盖"进行抽检，常规抽检由各级物资管理部门组织实施，依据物资性能参数、检测项目、执行频次划分为 A、B、C 三个类别，其中 C 类抽检计划由省公司物资管理部下达并执行；A、B 类抽检计划由总部物资部统筹制定并下达，各省公司物资管理部负责执行。总部物资部定期考核抽检计划完成情况。

（二）专项抽检

专项抽检是结合产品质量状况及质量突发事件，对日常监督中发现的、外部其他渠道获知、反映质量问题较多的产品进行的抽检。专项抽检根据工作需要由物资管理部门、专业管理部门和项目管理部门分工开展。对于专项抽检检测不合格的供应商严格处罚合同违约，严肃处理不良行为。

二、抽检单位选择

抽检委托方可直接委托本单位所属分支机构开展电网物资质量检测业务。

抽检委托方委托本单位所属分支机构外的检测机构开展检测业务，委托方应严格履行公司服务类采购相关程序，委托双方需签订委托协议，协议中需明确抽检相关职责、检测依据、执行技术标准、检测试验项目及费用等事项。

三、抽检样品管理

抽检样品管理包括抽样、封样、送样交接、返样四个环节。

（一）抽样

抽样人员以随机方式抽取具有合格标志的产品，作为抽检样品；抽样人员确定抽检样品后，核对样品铭牌、出厂试验报告、合格证明等重要信息。

（二）封样

抽样人员按抽检工作规范抽取样品后，应对样品进行盲样处理，用易碎贴及封条等将铭牌（标识）、供应商名称及商标、物料标签（如有）、实物 ID（如有）或特殊符号处（如有）等部位及信息进行有效遮盖，并将样品编号标注于封样标签上。对封好的样品做好包装和防护措施，以确保样品安全、完整到达检测机构。

（三）送样交接

送样人员负责将现场封样完成后的样品及时送达委托的检测机构。检测机构收样人员在交接区接收样品，交接区必须具备视频监控设施。

（四）返样

检测机构应与委托方明确对样品的返还或处理处置方式。物资检测完成后，合格样品由送样单位及时取回，不合格样品在供应商整改完成并通过验收后取回。返样时取回人员需携带签字后的返样交接单并递交至检测机构，双方核对无误后取回样品。

四、抽检作业管理

抽检作业包括检测准备、检测作业和报告出具三个主要环节。

（一）检测准备

（1）检测单位应严格履行检测机构管理要求，落实实验室组织管理、质量体系、实验室环境控制、试验仪器设备检定校准等管理措施。

（2）检测机构从委托方接收检测任务相关技术资料，并认真核对检测任务所附采购技术规范中的参数要求。样品检测及结论判定依据合同（技术规范）、抽检规范及相关国家标准、行业标准、企业标准等进行。

（3）检测机构收到样品后，核实样品信息并拍照留档，检查样品外观是否完好，如存在影响后续检测的外观缺陷，及时反馈委托方。采取盲检方式的样品，重点确保盲样标签完整。

（二）检测作业

（1）试验检测工作严格按照作业规范或作业指导书开展，确保试验方案和程序符合国家和行业标准要求。

（2）检测过程中严格做好原始记录单管理，落实杠改签字等记录要求。应用数据自动采集试验装置的，做好系统数据记录与维护。

（3）试验检测过程中严格落实作业安全要求，如耐压、冲击试验的安全距离、安全控制措施等，确保试验安全。

（三）报告出具

（1）检测单位对抽检结果进行详细的数据审核，对存疑的检测结果，通过原样品或备用样品开展比对复核。

（2）检测及审核完成后，检测人员及时将检验数据录入 ECP。

（3）检测单位在收到样品后的规定工作日时限内完成检测，并及时向委托方反馈检测结果（包括检测报告及相关视频和照片）。

（4）检测单位严格审核检测报告，并由授权人员编制、审核和签发。

（5）检测工作结束后及时完成检测报告归档。

五、质量问题处理

物资管理部门应向项目建设管理部门、供应商反馈检测结果，如果抽检检测结果不合格，物资管理部门需组织供应商质量问题约谈会，通过约谈供应商，认定供应商不良行为。

物资管理部门在收到不合格检测报告后及时完成组织供应商质量问题约谈，通知供应商由法定代表人或携带法定代表人授权委托书的人员参加约谈，并向检测单位收集必要的图片、影像等证明资料。

约谈中应明确问题产生原因及影响，对质量问题进行分类分级，明确处理和整改事项，并由供应商进行现场确认，形成约谈记录表。

六、异议复检

供应商对检测结果有异议的，供需双方协商一致后，委托具有 CMA 资质的检测机构进行复检。

（一）复检申请受理

供应商对检测结果有异议的，在收到检测结果或约谈通知后可书面提交复检申请及相关证明支撑材料，物资管理部门在接到供应商复检书面申请后，按照复检申请受理原则进行办理，并进行书面回复。

（二）复检申请受理原则

（1）供应商对设备运输、保管、设备组部件配置等问题提出异议申请复检，供应商说明理由充分的，经省物资公司、省物资部审核通过的，可安排复检；供应商说明理由不充分的，不再安排复检。

（2）供应商对检测试验方法、检测数据结果提出异议申请复检，省物资公司组织省电科院、原检测单位及相关专家召开检测结果技术评估会议，形成统一意见并出具会议纪要，会议上明确是否接受供应商的异议。供应商复检申请理由不充分的，可拒绝供应商复检申请；如供应商复检申请理由充分且证据确凿，各单位应同意复检申请。如有特殊情况，各单位可根据实际情况研究决定是否同意复检申请。

（三）复检样品要求

复检样品应使用原样，因破坏性试验或其他特殊原因无法使用原样复检的，各单位要抽取三个样品进行复检（优先在同批次到货物资中选择，备样可算为复检样品，如本批次和其他批次中选择仍不够三个样品的，则按实际数量复检）。

（四）复检机构选择

委托方与供应商协商一致，选择具有 CMA 资质认证的检测机构进行复检。如采取系统外检测机构进行复检，不再安排供应商见证；复检机构为系统内检测机构的，若供应商要求见证，各单位根据实际情况酌情安排（可现场见证、视频见证等）。

（五）复检结果认定

（1）如采用原样进行复检，复检合格则可认定本批次物资抽检结论合格；复检检测不合格可认定本批次物资抽检结论不合格。

（2）如不能使用原样复检，所有复检产品均合格，则认定本批次物资抽检结论合格；所有复检产品中发现其中一台不合格，则认为本批次物资抽检结论不合格。

（六）复检资料归档

做好供应商复检全部资料归档工作，确保电子商务平台录入抽检结果真实、准确。

七、抽检结果处理

依据《国家电网有限公司供应商关系管理办法》《抽检工作规范》《电网物资抽检结果分类分级导则》及合同违约责任条款，对产品抽检不合格的供应商进行相应处理。

（一）抽检问题分级

对抽检产品关键性能指标不满足合同要求或出现批量产品不合格情况的，须按照合同约定及国家电网公司《电网物资抽检结果分类分级导则》进行抽检不合格问题分级分类处理。《电网物资抽检结果分类分级导则》明确了配电变压器、高压开关柜、综合配电柜、电力电缆、架空绝缘线、水泥杆等 31 类电网物资检测项目分级标准，便于抽检结果比对。按照检测项目不符合技术规范的严重程度，从高到低分为Ⅰ、Ⅱ、Ⅲ级和轻微级。

（二）抽检结果处理原则

抽检结果的处理应遵循以下原则：

（1）对不影响安装调试进度，预期投运后不遗留安全隐患的轻微质量问题，可督促供应商进行现场修复，整改情况需要项目管理部门及物资管理部门验收确认。

（2）根据分类分级结果，符合合同违约处罚条件的，经物资管理部门审核无误后进入合同违约处罚程序，主要处理方式包括消除缺陷、换货复检、交纳违约金、解除合同等。

（3）质量问题严重的，依据《国家电网有限公司供应商关系管理办法》对存在质量问题的供应商实施不良行为处理，与招标采购联动，主要处理措施包括暂停中标资格、列入黑名单等。

（4）对于供应商产品抽检不满足合同要求，退换货再次检测不合格、复检检测不合格的情况，依据相应管理办法进行处理。

八、抽检评价

（一）对供应商质量监督绩效评价

1. 抽检管理评价

依据评价时间范围内各单位出具的常规抽检、专项抽检检测报告等文件，对电网物资供应商进行绩效评价。

2. 评价时间范围

供应商绩效评价所需质量信息和数据统计年限宜为 2 年。

3. 评价方法

按问题性质严重程度，对电网物资抽检结果进行分类分级，从高到低分为Ⅰ级、Ⅱ级、Ⅲ级和轻微级。Ⅰ级、Ⅱ级、Ⅲ级和轻微级基本扣分值分别为 15、10、5、3 分。根据抽检检测报告出具时间设置四个等级的权重系数，报告时间越早，权重系数越小。不合格样品应扣分值由基本扣分值和权重系数共同决定，即不合格样品应扣分值等于该不合格样品的基本扣分值乘以权重系数。引入"威尔逊置信区间"和"线性函数映射插值法"，对评价得分进行修正，通过多条件控制，多区间修正，使最终的绩效评价得分能更为客观、准确地反映供应商的质量水平，综合不同供货数量、物资品类、质量管控评价周期等因素对评价得分的影响，建立标准化、规范化和流程化的供应商质量监督评价体系。

4. 评价记录及结果

在电网物资供应商质量监督管理绩效评价过程中，应对物资品类、供应商名称、样品数量、评价细度、物资抽检问题扣分值进行记录。

（二）对检测机构的评价

国家电网公司在物资质量检测机构管理中创新激励机制，引入积分制评价办法，规范、科学评价各级检测机构的物资质量检测管理工作，强化电网物资质量检测机构能力，不断提升电网物资质量保障水平。

1. 积分制管理模式

物资质量检测机构积分制管理对象为国家电网公司系统范围内，通过签订检测服务合同或委托协议的方式，承担电网物资质量检测的机构，正常运行满1年及以上，包括省级和地市级物资质量检测机构（含"检储配"基地）。

电网物资质量检测机构年度积分由自然年内检测机构的综合评价、飞行检查评价、检测报告评价和加分项综合计算所得。其中，综合评价每年开展1次，飞行检查每年不少于1次，检测报告评价每季度不少于1次。

2. 综合评价

综合评价依据国家电网公司质量监督管理相关规定及检测机构物资质量检测工作情况开展，由国网物资部委托省公司物资部组织实施。

评价内容包括检测机构和人员、质量体系、安全管理、实验室环境、试验设备、样品管理、试验方法和程序、检测报告、检测档案管理、信息化建设和巡视审计发现问题11个部分，对照检测机构实际情况逐项进行评分。

3. 飞行检查评价

飞行检查由国家电网和省公司两个层面组成，自然年内所有列入检查范围内的单位至少进行一次飞行检查。国家电网公司层面由国网物资部牵头，组织国网物资公司、中国电科院等单位实施，对国家电网公司系统范围内检测机构随机抽查。省公司层面由省公司物资部牵头，组织省公司物资公司和省电科院等单位实施，对省公司辖区内国家电网公司飞行检查未覆盖的检测机构随机抽查。

飞行检查内容包括环境控制、试验设备、人员情况、检测报告和原始记录、现场试验和现场取样 5 个部分，对照检测机构实际情况逐项进行评分。

4. 检测报告评价

检测报告评价采取线上、线下相结合的方式，线上抽查为主、线下查阅为辅。线上抽查由国网物资公司从 ECP 平台数据库中抽取，线下由省公司物资部委托省物资公司开展实施，重点查阅检测报告和原始记录的符合性。

检测报告评价内容包括检测报告的数据质量、检测标准及试验方法引用、判定依据、线上数据一致性和抽检不合格评级准确性等。对抽查检测报告发现的问题，按照问题严重程度分为轻微、一般、重要和严重 4 个等级，按照等级标准扣分。同时，对检测机构出具虚假检验检测报告的，实行一票否决。

5. 加分项评价

加分项根据自然年内电网物资质量检测机构取得的资质、牵头或参与重大技术研究、科研项目、标准或规程制（修）订、检测新技术研发、专利申请、论文发表及获奖情况等方面综合评分。由各检测机构自主申报，国网物资公司和省物资公司进行核实评分。

6. 评价结果应用

国家电网公司对物资质量检测机构的积分制评价结果定期通报，并将评价结果运用在下一年度检测服务采购活动中。年度评价为"不达标"的，暂停其检测业务，由省公司物资部督导限期整改。整改后仍然不能"达标"的，取消其下一年度检测业务的承接资格。年度评价为"达标"的，由各省电科院督导整改，并向省公司物资部反馈整改结果。针对一票否决的检测机构，暂停其检测业务承接资格三个月，期满后由国家电网公司组织评价组对其进行积分制管理评价。

第三节　抽检管理典型案例

国家电网公司在抽检管理实践过程中，形成了一批问题成因分析透彻、数据翔实、方法可操作性强、易于实现的典型案例，摘取其中高能效配电变压器、柱上开关雷电冲击试验两个典型案例进行介绍。

一、高能效配电变压器检测典型案例

（一）案例简介

某检测中心在进行高能效配电变压器能效全检试验时，发现某批次配电变压器中2台直流电阻测试不合格，该两台变压器均为同一供应商生产，型号为SBH21-M.RL-100/10-NX2，联接组别为Dny11，高压侧绕组为5挡无励磁电压调节。上报省电科院后，为分析具体原因，立即组织对2台配电变压器进行了复测及解体分析，主要情况如下。

1. 问题简述

根据现场全检情况，两台配电变压器均为高压侧直流电阻不平衡率超标，省电科院对两台配电变压器进行了复检，检测结果和现场一致，具体试验数据见表5-4，其中1号变压器高压绕组3、4分接的线间不平衡率达到75%，2号变压器高压绕组4、5分接的线间不平衡率达到75%，远超过2%的标准要求。

表5-4 试 验 数 据

测量绕组	分接位置	1号变压器试验值				
		RAB	RBC	RCA	平均值	不平衡率（%）
HV（Ω）	1	10.98	10.99	10.97	10.98	0.18
	2	10.69	10.70	10.68	10.69	0.19
	3	31.19	15.63	15.58	20.80	75.05
	4	30.32	15.20	15.14	20.22	75.07
	5	9.826	9.831	9.814	9.82	0.17
测量绕组	分接位置	2号变压器试验值				
		RAB	RBC	RCA	平均值	不平衡率（%）
HV（Ω）	1	10.91	10.85	10.89	10.88	0.55
	2	10.65	10.57	10.61	10.61	0.75
	3	10.39	10.29	10.33	10.34	0.97
	4	15.13	30.17	15.06	20.12	75.10
	5	14.70	29.30	14.53	19.51	75.70

2. 原因分析

（1）理论分析。变压器接线方式为Dyn11，如图5-2所示。通常认为三相绕组直流电阻基本一致，设为 X，Dyn11 接线方式在理想情况下，线间直流电阻测量值应为 2X/3。当高压侧发生一相断线时，以断线位置为 AX 为例，则线间直流电阻 R_{CA} 为 2X，R_{AB}、R_{BC} 为 X，即断线相的电阻为非断线相电阻的 2 倍，正常值的 3 倍，不平衡率为 75%，和表 5-4 试验结果完全一致，判断该问题极有可能为变压器内部绕组断线引起。又因该配电变压器部分分接直流电阻测量正常，判断断线位置位于分接开关处。

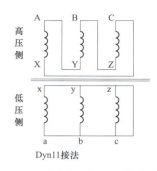

图 5-2 变压器 Dyn11 接线方式

（2）解体分析。为进一步验证试验分析，对 1 台变压器进行吊芯，在 A 相绕组 3-4 档分接开关位置发现了明显断线，如图 5-3 所示。

图 5-3 解体检查情况

对绕组断裂位置进行仔细观察，发现绕组各抽头接线位置均有切口痕迹，如图 5-4 所示。

图 5-4 引线处切口痕迹

综上分析，认为该台变压器故障原因为在进行成品装配时高压引线因加工工艺问题导致导体损伤，在运输过程中受力发生断裂。

（二）主要做法

1. 问题处理过程

根据问题原因分析，判断为批次性设备质量问题，组织对该供应商同批次产品进行扩大抽检，在抽检的 3 台样品中再次发现了直阻不合格问题，吊芯时发现内部分接开关高压引线均存在切口等明显损伤。组织供应商约谈后，经过分析确认是供应商新投的一条生产线生产工艺控制不到位导致，经排查共影响供应配电变压器 190 台。

2. 问题处理方法

（1）对问题批次的 190 台配电变压器，由供应商提供所有出厂编号，全部进行退货更换。

（2）开展已投运该批次配电变压器排查，在 190 台清单范围内的，结合停电计划进行全部更换。

（3）加大对该供应商其他批次的抽检力度，针对性开展吊芯检查，如发现问题则需扩大处罚范围。

二、柱上开关雷电冲击试验不合格典型案例

（一）案例简介

1. 问题简述

为优化配电网网架结构和智能化水平，加快推进配电自动化建设，某公司配电一、二次融合柱上开关融资租赁项目落地实施，短时间内大量一、二次融合柱上开关入网。为确保物资质量，某省电科院物资质量检测中心启动了一、二次融合柱上开关专项抽检，在专项抽检中共发现 9 台不合格，检测中心对不合格问题进行了分析，主要情况如下。

断口雷电冲击试验条件及不合格情况见表 5-5，根据试验时的大气条件，9 台样品计算的大气修正系数为 0.984～0.998，因试品外绝缘良好，为考核内绝缘情况，根据标准规定，未使用大气修正系数修正，断口实际施加电压为 85.0（±3%）kV。

从不合格试验项目看，9台不合格试品均为雷电冲击试验不合格，且不合格位置均为开关断口间，合闸状态相间、相对地均试验通过。

从击穿极性看，9台试品15次正极性试验全部合格，无电压突降现象，发现不合格问题的均为负极性试验；从放电次数看，根据GB 1984—2014《高压交流断路器》、GB/T 11022—2020《高压交流开关设备和控制设备标准的共用技术要求》，一个完整系列破坏性放电次数不应超过2次，该9台试品在15次负极性试验中发生破坏性放电次数均超过2次，集中在3～4次，放电电压集中分布在−60kV～−85kV。典型放电电压波形如图5−5所示。

表5−5　　　　　　　　断口雷电冲击试验条件及不合格情况

试品	不合格试验位置	正极性试验次数	正极性击穿次数	负极性试验次数	负极性击穿次数	放电电压范围（kV）
试验条件		温度：20.3～23.3℃；湿度：48.3%～64.6%；大气压力：100.8～101.2kPa；修正系数 K_t：0.984～0.998；实际施加电压：85.0（±3%）kV（未修正）					
试品1	C相断口	15	0	15	3	−68.4～−84.1
试品2	A相断口	15	0	15	3	−73.3～−81.6
试品3	C相断口	15	0	15	4	−65.5～−82.8
试品4	B相断口	15	0	15	4	−66.2～−80.5
试品5	C相断口	15	0	15	3	−71.7～−84.6
试品6	B相断口	15	0	15	4	−60.7～−82.3
试品7	B相断口	15	0	15	3	−71.8～−81.9
试品8	C相断口	15	0	15	4	−62.4～−83.8
试品9	C相断口	15	0	15	4	−69.2～−82.7

2. 原因分析

通过对雷电冲击试验的机理进行分析，正极性冲击试验主要检查设备的外绝缘，与爬电距离、导体的空气间隙及外界条件有关，而负极性冲击试验主要与内绝缘有关，即绝缘材料、成型工艺及绝缘结构。当施加正极性雷电冲击试验时，基本不出现击穿闪络，波形正常，可以排除外界条件的问题，而当施加负极性冲击电压时，柱上开关出现击穿闪络次数较多，因此，判断发生击穿闪络的主要原因为内绝缘问题。导致内绝缘问题的主要原因有：

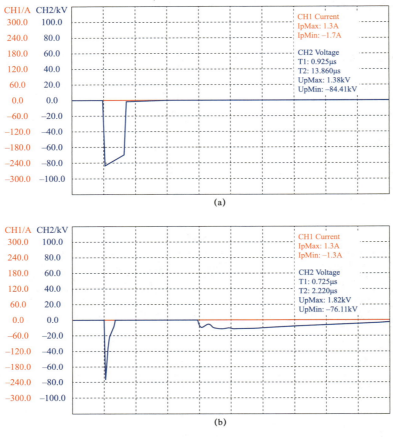

图 5-5　典型放电电压波形

（a）波形一；（b）波形二

（1）开关灭弧室内部在制造过程中存在毛刺、异物等微小缺陷，而雷电冲击试验对检验尖角毛刺比较有效，导致试验时发生绝缘击穿。

（2）开关灭弧室在出厂时未进行充分老练，内部的毛刺、异物等微小缺陷未通过老练试验消除。该批融资租赁项目供货量大、时间紧，可能存在部分供应商为保证供货进度而未进行充分老练的问题。

通过上述原因分析，定位导致雷电冲击试验不合格的主要问题为开关灭弧室，组织对同批次开关的灭弧室进行了单独试验，同样发生了破坏性放电现象，试验不合格。为进一步验证原因分析，对该灭弧室进行了继续试验，在反复多次试验击穿后，绝缘性能逐渐达到稳定，在近 50 次试验后，试验合格，验证了其主要问题为灭弧室老练不充分。

（二）主要做法

1. 问题处理过程

对涉及该问题的供应商进行了约谈，涉及产品全部进行了退换，加强该供应商其他批次产品的抽检力度。经过整改，柱上开关的质量问题得到基本解决，未发生因雷电冲击试验未通过导致的不合格问题，整体抽检合格率达到100%。

2. 问题处理方法

（1）对雷电冲击试验不合格的柱上开关，要求供应商对真空灭弧室进行全部更换，同时对该供应商其他批次该产品加大抽检力度，排除同类问题。

（2）加强设备验收把关，要求供应商供货时必须附真空灭弧室的老练试验报告，督促供应商强化原材料、组部件质量把关。

第六章

国家电网公司质量监督创新实践

党的二十届三中全会指出，发挥我国超大规模市场引领作用，加强创新资源统筹和力量组织，推动科技创新和产业创新融合发展。国家电网公司坚持数字化、智慧化发展方向，依托绿色现代数智供应链信息化平台，树立设备全寿命周期质量监督理念，建设设备全寿命周期质量信息库，实现质量数据全寿命周期归集、贯通和价值挖掘应用。国家电网公司深入推进新一代信息技术与质量监督管理业务的融合应用，开展了质量监督手段智慧化和检测装备智能化等创新实践，推动物资质量监督管理数智化转型升级。

本章首先介绍了国家电网公司充分发挥质量监督数据价值，开展物资质量云诊断功能建设的背景、目标思路、模拟设计及成果应用；然后介绍了基于实物 ID 的全寿命周期信息库的构建与应用；最后分别列举质量监督业务中的创新做法，包括创新实施区域联合监造、抽检策略智能优化与高效联动、检测技术提档升级、"检储配"基地建设应用、行业级物资质量管控平台建设及输电线路材料质量追溯标识应用等创新实践成果。

第一节　物资质量云诊断

随着国家电网公司业务数字化程度的不断深入，各类质量业务数据不断累积，通过挖掘"沉睡"在数据库"云"中的电网物资关键试验参数检测数据，可以多维度分析检测数据，开展电网物资质量云诊断，获取质量数据内在价值，对内服务需求侧，优化国家电网公司对供应商的分级分类管理；对外服务物资供应侧，协助供应商对标行业水平，促进物资质量改进提升，稳步推进业务数字化。

一、建设背景

2018 年以来，国家电网公司积极创新，构建了国网绿链云网数字化平台。通过需求驱动、创新引领、网络协同为物资管理工作赋予新动能，全面支撑智能采购、数字物流、全景质控三大业务链，内外高效协同，实现传统业务的数字化转型，为国家电网公司发展与电网建设提供坚强支撑。

经多年运营，平台汇聚了海量电工装备制造和电网物资检验检测等数据，为实现电网物资质量云诊断提供了坚实的基础，为解决数据孤岛、数据割裂等问题，唤醒大量仍处于"沉睡"状态的质量数据，进一步进行数据价值挖掘具有重大意义。物资质量监督两大业务平台详见图 6-1。

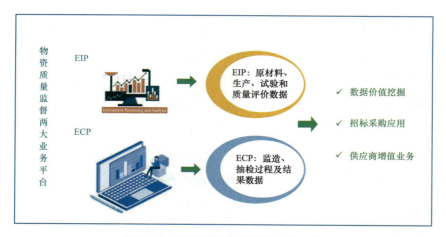

图6-1　物资质量监督两大业务平台

二、目标思路

通过开展电网物资智慧供应链体系数据治理、大数据深度挖掘技术研究，贯通不同平台质量检测数据共享，充分挖掘数据价值，提出智能专家诊断评价模型（云诊断），开展供应商物资质量评价，服务质量强国和数字化转型。供应商质量评价结果分别推送至国家电网公司物资采购侧和供应商侧，采购侧依据质量评价结果，制定精细化物资管理策略，供应商侧依据质量评价结果可定位自身所处行业水平和质量短板。

对电网物资在全寿命周期制造（监造）、交货（抽检）和远程监造阶段产生的合格参数指标数据，通过数学建模进行量化评价，并将结果反馈供应商评价模块，实现供应商"强中选强"，电网物资"优中选优"。

三、模型设计

ESC 云诊断系统分别从 ECP、EIP 中抓取主设备监造数据、生产数据、云监造数据和 31 类配网物资抽检试验数据，对经过专家筛选的关键质量特征值、关键技术参数指标进行数据挖掘分析：

（1）依据相关技术标准和国家电网公司物资制度体系，从安全、寿命、经济三个维度精选评价指标和关键试验参数，考察供应商监造、抽检和生产几个方面的表现情况，评价供应商质量的可靠性、稳定性，并结合招标环节及供应商关注度，进行适时优化。例如配电变压器选取空载损耗、负载损耗、高压绕组平均温升、低压绕组平均温升、最大相电抗偏差等作为关键参数。

（2）根据各关键参数的标准要求值和实测值，求取相关参数的均值、标准差、综合均值和综合标准差。

1）均值：均值是统计学中最基本、最常用的一种平均指标，是一个良好的、表示一组数据集中趋势的量数，指一组数据中的所有数据之和再除以这组数据的个数，用来表明资料中各观测值相对集中较多的中心位置，具有反应灵敏、确定严密、简明易解、计算简单、适合进一步演算和受抽样变化的影响较小等优点，用以考察制造商产品可靠性和产品裕度。

2）标准差：标准差也被称为标准偏差或者实验标准差，在概率统计中最常用作统计分布程度上的测量依据。平均数相同的两组数据，标准差未必相同。标准差能反映一个数据集的离散程度，用以考察制造商产品稳定性和产品离散程度。

3）综合均值：评价多个关键试验参数的均值情况，专家根据参数重要性，分别对每个关键参数赋予专家权重，综合评价供应商物资可靠性。

4）综合标准差：评价多个关键试验参数的标准差情况，专家根据参数重要性，分别对每个关键参数赋予专家权重，综合评价供应商物资稳定性。

（3）根据单个参数指标的平均值和标准值计算结果，得出某型号产品的某个参数指标排名，通过去量纲化处理及频数修正，形成产品单参数维度的供应商质量评价。

（4）根据多个综合指标的平均值和标准值计算结果，得出某型号产品的某个指标排名，按产品对供应商形成质量评价，此外，对供应商原材料组部件、生产过程、出厂试验和工艺稳定性等关键参数进行分析，得到供应商生产质量综合管控评价。评价分数按综合排名进行列示，供招标采购环节、制造体系评估和供应商需求具体选择应用。

四、成果应用

2023 年，供应链运营调控指挥中心已部署并实现了供应商质量云诊断，实现 4 大类监造主设备，31 大类抽检物资，共 423 小类物资的云诊断线上量化质量评价分析。云诊断支撑了 27 个省公司、210 个质量检测机构、3817 个供应商的质量评价，评价结果极大支撑了国家电网公司供应链精细化管理水平提升及供应商物资质量水平优化改进。云诊断结果作为供应商制造体系评估组成指标，为支撑招标采购优中选优提供参考，实现投标承诺的全流程验证闭环，促进供应商从注重型式试验指标向注重产品批量制造质量的转变。对同类产品各项指标进行供应商综合排序，助力供应商找准短板，精准改进措施，促进整个质量保证体系提升。

第二节　设备全寿命周期质量信息库

国家电网公司围绕《质量强国建设纲要》《绿色现代数智供应链发展行动方案》，以实物 ID 为纽带，全面梳理跨专业流程断点、堵点、痛点，实现设备质量信息的全链条归集、全过程贯通。在 ESC 建立跨专业、一站式、结构化设备全寿命周期质量信息库，实现对设备质量信息的多维度数据分析及可视化展示，促进业务流、信息流、数据流高效流转，以点带面提升设备各环节管理质效，为设备全过程管理提供全局视角和综合分析，切实发挥数业融合的应用价值。

一、建设背景

2023 年，国家电网公司下发《国网物资部关于印发 2023 年全景质控重点工作的通知》（物资质监〔2023〕1 号），提出要以绿色现代数智供应链建设为中心，以全寿命周期质量管理理念为引领，加快质量监督向产品制造质量保证体系评估延伸，推进质量监督管理工作质效提升，做出推动全景质控全量业务数字化转型，推进全寿命周期质量信息贯通的工作要求。

近年来，国家电网公司深入推进发展方式转变，不断加快各级电网协调发展，对设备质量要求也随之不断提高。然而，目前质量信息管理在多个部门中分工开展，从驻厂监造、云监造、到货抽检、安装调试、运维检修和报废处置，物资在全寿命周期过程中产生的质量信息分散在物资、基建、设备等不同部门和业务系统中。不同部门间存在数据墙和信息孤岛，导致数据流通不充分、数据价值挖掘不彻底，从而难以充分支撑和引领业务管理水平提升。为改变设备质量信息数据分散的现状，落实数字化转型工作推进会要求，国家电网公司构建设备全寿命周期质量信息库，实现数据归集、平台贯通、质量溯源，推进电网设备产品质量安全治理，提升电网本质安全水平。

二、建设目标

围绕全寿命周期理念，依托总部和省侧两级数据中台，发挥流程贯通和数据共享载体作用，明确各类物资的统计细度、信息范围及结构化模式，按照先物资域内统一，再全寿命周期贯通的原则，以物资域数据为基础，逐步涵盖财务、基建、设备、发策等业务数据，实现设备质量的全链条监管，在 ESC 平台建立跨专业、一站式、结构化设备全寿命周期质量信息库，进一步提升质量发展创新动能，突出全业务环节参与、全过程覆盖的质量管理特色，实现管理对象、管理方法、社会经济生态效应的全面考量，贯彻以数据为基础、以质量求效益的全寿命周期质量管理核心要求。

（一）建立全寿命周期"健康档案"库

（1）基于数据汇集和贯通载体，有效关联分布于不同环节、不同专业的物资全寿命周期质量信息，实现物资质量信息的有效归集与贯通。

（2）对历史质量数据进行全面梳理，分析、提取可以支撑优选供应商的有效信息，针对不同物资，制定标准化、结构化的质量信息模板，形成物资质量信息数据库，实现招标采购数据、生产监造数据、检测数据、运维检修数据等全寿命周期数据统一管理。

（二）构建质量数据"协同分析"机制

（1）跟踪设备全寿命周期质量问题，打破以往部门之间的数据墙和信息孤岛，对跨部门、跨专业的数据集成管理，实现全寿命周期智联追溯，提高对问题供应商的问责效率。

（2）分析全寿命周期质量数据，对供应商产品质量大数据全方位分析，包括设备典型问题分析、供应商产品质量分析、质量问题相关性分析等，为招标采购策略优化、抽检策略调整、差异化监造及供应商评价等提供有力的决策辅助。

（三）应用多维评价助力"选好选优"

（1）以全寿命周期综合分析为基础，构建供应商全量数据信息库，提高供应商管理的差异化与智慧化水平，在招标采购环节自动推送供应商质量水平关键数据，实现设备采购"好中选优"。

（2）通过挖掘供应商数据资源价值，实现供应商精准画像，推动供应商质量改进，增强满足有效性、高效率、可追溯的质量改进能力。

三、建设内容

设备全寿命周期质量信息库建设主要包括实现设备质量全链条信息归集溯源、基于实物 ID 开展设备全过程贯通、建立设备全寿命周期成本质量管理机制、推进设备全寿命周期质量信息库开发建设等。

（一）实现设备质量全链条信息归集溯源

围绕绿链建设任务"推进设备全寿命周期质量信息贯通"的要求，开展跨专业调研，广泛收集相关资料，包括技术规范书、采购标准、招投标文件、监造抽检规范数据、交接试验验收细则、设备运行记录等，同时通过现场调研、电话咨询、业务访谈等方式，对数据需求、数据利用率及数据利用的重点、难点进行调研，重点针对数据利用率低、数据关联度差等问题展开需求收集和讨论，形成数据需求报告。

根据数据需求报告，制定设备全寿命周期质量信息库建设模型框架，明确各类物资的统计细度、信息范围及结构化模式；按照"先物资域内统一，再全寿命周期贯通"的原则，以物资域数据为基础，逐步涵盖财务、基建、设备、发策等业务数据，形成31 类物资信息清单；溯源贯通涵盖规划设计、招标采购、生产制造、施工安装等 9 个环节的设备参数信息，平均单台设备包含关键参数达到 400 多项，实现设备质量的全链条信息归集，详见图 6－2。

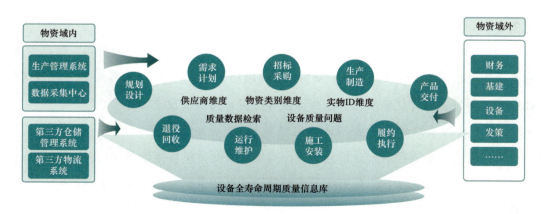

图 6－2　设备全寿命周期质量信息概览图

（二）基于实物 ID 开展设备全过程贯通

以工单为载体，实物 ID 嵌入各管理环节，实现 "一码贯八码"，即通过电网资产统一身份编码（实物 ID）贯通项目编码、WBS 编码、物料编码、设备编码、资产编码、调度码和废旧物资编码，利用八码间的多向索引关系，对供应链九大业务环节进行实物 ID 嵌入式改造，实现跨专业、跨系统的业务和数据贯通，推动业务互哺、共建共享，为设备全寿命周期质量信息库建设奠定基础。

以实物 ID 为纽带、跨专业数据贯通为主线，全面梳理跨专业流程断点、堵点、痛点，在数据中台构建 "一码贯八码" 数据宽表，形成基于实物 ID 的横向贯通设备、财务、物资、基建各专业，纵向贯通九大业务环节的"横纵贯通"业务数据网络。过程中聚焦主网一次设备，突出先易后难、急用先行，逐步实现全寿命周期各阶段数据平台贯通、质量溯源，促进业务流、信息流、数据流高效流转，推动设备各环节业务数据标准一致、模型统一的全过程贯通，以数据贯通带动业务流程贯通和优化，以点带面提升设备各环节管理质效。

（三）建立设备全寿命周期成本质量管理机制

建立基于设备全寿命周期质量信息库的成本质量管理机制，通过归集设备全寿命周期成本数据信息，开展全寿命周期成本模型构建和费用精准测算，实现设备成本评分。

构建质量问题评价模型：①汇集各阶段质量问题，综合考虑质量问题的严重程度、紧急程度、发生频率、发生环节以及设备运行年限等因素，结合专家意见统一设置评分规则，实现质量问题评分；②识别设备质量关键参数，利用序关系分析法和熵值法对参数赋权，实现设备关键参数与质量关联综合评价。通过关联设备关键参数与质量，实时观测设备在监造、抽检等环节关键参数表现，实现设备质量预测，统筹质量监督资源配置，提升质量监督业务数智化水平。

综合分析设备成本与质量表现关联度，引入卡拉杰克矩阵实现供应商产品性价比综合量化比较，以辅助招标采购、质量管控、状态运维，实现设备效能最优化和资产价值最大化。

（四）推进设备全寿命周期质量信息库开发建设

依据设备质量信息梳理成果及跨专业线上数据溯源状况，积极推进设备全寿命周期质量信息库建设，主要包含"一库四维九阶段"。"一库"是指质量信息数据库，涵盖设备从需求计划到退役处置的全链条数据，实现分阶段的页面展示、设备现场照片展示等；"四维"是指供应商维度、物资类别维度、实物 ID 维度、质量信息维度的数据归集、图表展示与统计查询；"九阶段"主要包括规划设计、需求计划、招标采购、生产制造、产品交付、履约执行、施工安装、运行维护、退役回收阶段，由此全面实现对设备质量的全链条信息的数据分析及图表展示，建立跨专业、一站式、结构化的全寿命周期质量信息数据库（详见图 6-3～图 6-5），进一步提升质量发展创新动能。

四、应用与成效

（一）应用场景分析

1. 质量问题相关性分析

基于设备全寿命周期质量信息库，构建供应商、质量因子关系图谱。通过关系图谱对同一供应商提供的不同设备质量问题追溯分析，分析质量问题间的相关性；对不同供应商提供的同类设备质量问题分析，分析问题产生原因及相关性，如原材料相关性分析、工艺相关性分析、安装环境相关性分析等。通过质量问题相关性分析，为各网省公司质量问题分析提供依据，并制定各细化举措，降低物资质量问题发生频率。

2. 质量典型问题分析

基于形成的全寿命周期质量典型问题库，对质量典型问题分级分类，根据典型问题严重级别、紧急程度及发生频率，划分一般、严重、紧急，根据典型问题发生环节进行问题分类，实现典型问题的分级分类管理。

根据典型问题分级分类，制定典型问题评分规则并在系统中固化，系统配置不同级别不同类别典型问题相应的分数，对典型问题进行量化分析。通过质量典型问题库数据获取各供应商发生的典型问题，系统自动记录各供应商的典型问题分数，对积分超过阈值的供应商，系统根据配置的典型问题措施给予相关建议，如加大抽检力度；对评分较好的供应商，系统给供应商打上"健康"标签，建议给予适当激励措施，如招标环节供应商智能推荐、降低抽检数。

图 6-3 设备全寿命周期质量信息库架构图

图 6-4　设备全寿命周期质量信息库的首页

图 6-5　设备全寿命周期质量信息库的质量数据检索页

（二）主要成效

设备全寿命周期质量信息库作为国家电网公司重要的数据资产，能够有效助推设备质量管理效率提升，通过对跨专业全链条质量数据的归集，推动设备各环节业务数据贯通，实现设备全链条质量数据的集中规范管理和全局视角应用。

深化全寿命周期质量数据融合场景应用，开展了对设备规划设计、招标采购、生产制造等专业信息分析及成本质量综合表现的研究，为各部门提供业务协同、数据共享、辅助决策等全方位支撑，服务设备"好中选优"，追求设备全寿命周期成本最佳，助力"质量强国"战略落地。

第三节　创新实施区域联合监造

为保障招标采购设备材料的质量，自 2007 年起国家电网公司对集中招标采购的主要设备开展监造。各省公司各自委托监造服务单位，对本省公司监造范围内的设备实现监造全覆盖，保障了设备质量和交货进度，为不断增加的电网工程项目的顺利建设发挥了重大作用。为进一步充分发挥集团化运作的优势，整合系统内资源，2023年国家电网公司下发《关于实施区域联合驻厂监造的指导意见》，组织各省公司开展区域联合监造。

一、建设背景

在实施区域联合监造之前，各省公司独自开展监造业务。对本单位需要实施监造的工程项目的设备，均需向制造厂派驻监造组。制造厂如果承接来自多个省公司的设备生产制造任务，就意味着要面临多个监造组进驻开展工作。据统计，某主流供应商全年有 19 家监造单位驻厂开展监造，高峰时期驻厂监造组最多有 12 家开展工作。

一个监造组虽然长期驻厂，但往往只负责一台设备的监造，监造队伍的工作潜力没有得到充分发挥，造成监造资源的浪费。据统计，2022 年有 61 台设备涉及此种情况，且其中 58 台为监理单位异地监造，涉及 22 家监造单位。此外，监造是一项需要多方协调的工作，在设备制造过程中，针对设备的技术要求、质量控制和生产进度问题，监造组需要与制造厂生产和技术部门开展大量的沟通协调，驻厂监造组数量过多，会给制造厂技术人员带来较大负担。

为了解决上述问题，集约监造资源配置，优化营商环境，促进监造单位良性发展，国家电网公司创新监造管理模式，提出区域联合监造方式。

二、工作思路

以联合采购、各自实施为原则，邻近区域省公司签署联合采购协议，统一采购监造服务，中标监造单位分别与成员省公司签署联合采购协议，签订监造服务委托合同并独立履约。

（一）区域划分

由国家电网公司统筹，综合考虑 27 家省公司监造业务规模，划分 5 个驻厂监造联合区域，每个区域指定 1 家省公司为首轮牵头单位，负责组织、协调驻厂监造联合采购相关事宜，成员省公司参与本区域驻厂监造联合采购的招评标相关工作。牵头省公司按采购周期进行轮换。

（二）联合采购

驻厂监造区域联合采购应遵循"公开、公平、公正"原则，以公开招标方式优选监造单位。采购要求选用资质好、监造能力强、监造业绩突出并具备相应监造承载力的监造单位，不得对潜在投标人区别对待，所有潜在投标人机会平等。区域联合监造的采购周期为 2 年。

1. 联合监造范围

区域联合监造的物资范围包括国家电网公司统一要求的监造范围，各省公司也可根据工作实际，将自行开展监造的其他电网设备材料纳入驻厂监造联合采购范围。

2. 标包划分

按监造物资类别、供应商注册所在地，依据近年来省公司监造物资采购情况对成员省公司的监造服务进行统一标包划分。划分标包数量恰当，体量相当，具备良好的竞争性，同时确保一个物资品类的供应商仅对应驻厂监造联合区域内的一个监造单位，最大程度保证监造单位对应的供应商所在地理位置相对集中，提升驻厂监造工作效能，促进监造单位良性发展。

3. 采购实施

牵头省公司组织成员省公司商议，确定驻厂监造服务采购范围、标包划分、组织实施等相关事宜，形成《驻厂监造服务联合采购方案》，其中包括签署的驻厂监造联合采购协议和招标文件等。牵头省公司完成联合采购流程后，发出中标通知书，成员省公司独立履约，与中标监造单位签订监造服务委托合同。

截至 2023 年底，各区域均已完成联合监造服务采购，采购范围为 2024—2025 年制造的监造物资，各相关单位正有序开展驻厂监造服务合同履约工作。

三、优势分析

实施区域联合监造的优势包括：①有利于系统内外监造资源的整合，通过集中优秀监造人才，充分发挥其在监造中的作用，提高监造服务水平；②有利于提升监造工作质效，通过统一监造标准和工作程序，监督供应商工序质量和质量保证体系的贯彻执行，强化生产环节的现场监控，促进供应商加强质量管理，提高生产技术水平；③有利于监造单位的良性发展。通过减少监造组数量，可有效降低监造成本。在一个服务周期内，服务区域相对固定，有利于队伍稳定和人员培养，增强监造单位自身竞争力和服务水平。

第四节　抽检策略智能优化与高效联动

国家电网公司针对物资抽检业务环节，通过分析不同物资类别、不同供应商的历史物资质量情况，运用归纳和演绎、分析与综合等定性分析方法，动态优化抽检策略库，有效提升入网设备质量、保障电网本质安全。

一、建设背景

《国家电网绿色现代数智供应链发展行动方案》提出"全面剖析设备故障、缺陷案例""精准分析产品质量问题产生的原因"等工作要求，开展抽检策略动态优化、建立科学客观的抽检策略模型、实施物资抽检智能化管理、强化抽检过程风险防控能力，能够更好地发挥物资质量管理监督与服务作用，为电网高质量发展保驾护航。

二、构建抽检策略模型

国家电网公司坚持"问题导向、责任导向、目标导向"的原则，将实证研究的数据和统计技术相结合，对历史抽检数据进行分析，量化抽检策略模型，运用归纳和演绎、分析与综合等定性分析方法，收集各项抽检材料进行思维加工，围绕"质优少检、质劣多检"制定抽检策略。充分发挥总部—省公司两级物资质量管控优势，高效利用检测资源，提升物资抽检计划的科学性、针对性、均衡性，把好入网设备质量关。

（一）抽检策略动态优化原则

根据物资检测质量信息，分析不同物资类别、不同供应商的历史物资质量情况，综合历史抽检合格率、供货数量、供货周期、订单价格、新进供应商等信息，建立四大类抽检策略库，重点对故障率较高、中标量较大、中标价格偏低、供货时间紧、新入网及采用新技术、新材料、新工艺的物资，采用提高抽检频次、抽检等级等方式加大质量监督力度，对于质量安全可靠的供应商或设备，实施少检或免检策略，更加准确有效地把关供货质量，实现检测资源的合理智能分配。

（二）抽检与云监造联动原则

深入分析抽检数据项和云监造数据项关联关系，设置云监造数据风险阈值，将告警信息推送至抽检环节，根据既定规则，抽检环节自动增加抽检频次和抽检项目。通过在监造环节提前发现疑似质量问题，在抽检环节开展疑似质量问题专项抽检，实现抽检和云监造有效联动，对供应商设备进行精准化抽检，进一步提升全景质控工作质效。

（三）抽检策略模型构建

抽检策略模型分为基础抽检定额策略模型、任务最优分配策略模型、强化质量管控策略模型和其他补充抽检策略模型四大类，详见表6-1。其中：

（1）基础抽检定额策略模型是根据国家电网公司 A、B、C 类抽检计划的抽检定额标准及最小抽检要求，按任务最小原则，综合多种因素，为制定最低量基础版抽检计划服务的抽检策略。

（2）任务最优分配策略模型是在基础策略执行结果基础上，综合考虑供货量、均衡性、检测资源等因素，提升抽检计划制定的科学性，旨在实现抽检任务最优分配的抽检策略。

（3）强化质量管控策略模型是为落实国家电网公司"质劣多检、质优少检"的抽检要求，充分考虑历史抽检结果、云监造异常情况、新入网供应商等因素，对出现问题的供应商及物资种类进一步强化质量管控的有力措施。

（4）其他补充抽检策略模型是在基础抽检定额策略、任务最优分配策略、强化质量管控策略实施的基础上，针对特殊业务情况可以执行其他补充抽检策略。

表 6-1　　　　　　　　　抽 检 策 略 模 型 示 例

序号	策略类型	策略名称	策略描述
1	基础抽检定额策略模型	A、B 类抽检定额策略	每个供应商每类物资在一年内，A 类检测项目至少抽 1 次，B 类检测项目至少抽 2 次
2	任务最优分配策略模型	省公司/地市均衡性策略	分析"省公司/地市＋物资种类"全年累计抽检计划制定次数，在满足抽检条件情况下，优先抽取次数较少的省公司/地市和物资，保证抽检计划相对公平、均衡
3	强化质量管控策略模型	不合格供应商对应物资加大抽检比例和提高等级	针对检测不合格的供应商、低于平均合格率的物资，加大抽检频次（设置上限），提高抽检等级
4		新入网供应商加大抽检比例和检测等级	根据供应商编码查找近三年已完成的抽检任务，针对新入网供应商，每类物资随机增加选取 1 条数据，生成 A 类抽检计划
5		云监造异常数据补充策略	对接云监造检测关键参数"异常"数据，识别数据的对应采购订单及供应商加大抽检力度。涉及供应商所有物资种类各增加 1 条 A 类或 B 类抽检计划
6	其他补充抽检策略模型	随机性策略	为防止供应商按照国家电网公司抽检规律针对性供货，设定随机规则，随机增加抽检任务

三、实施成效

抽检策略动态优化是物资专业响应建设质量强国宏观决策部署的重要体现，是落实绿色现代数智供应链发展行动方案的具体路径，将有效提升入网设备质量、保障电网本质安全。

（一）构建物资智能抽检全新模式

利用大数据技术，分析比对历史抽检结果、供应计划信息，自动提取供应商、物资种类、不合格项目、供货量等关键因子与抽检质量问题相关性，建立抽检策略模型，智能分配各参数权重。对于历史抽检合格率低、云监造异常的供应商或物资，可自动调整权重比例策略，对问题物资对症下药，提高抽检比例和提升抽检等级，提升物资抽检的科学性、精准性。抽检计划智能编制界面详见图 6-6。

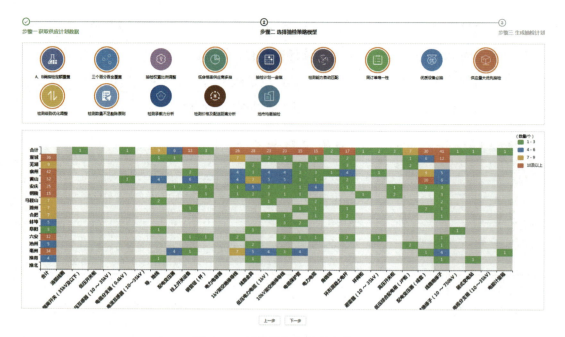

图6-6 抽检计划智能编制界面

（二）助力设备招标采购"好中选优"

将抽检结果应用于供应商评价、供应商分类分级，服务物资招标采购工作，从绩效评分、评标打分等环节，客观量化评审的关键指标，制定优质供应商激励政策，从源头优选物资供应商，确保采购设备"好中选优"，严控物资质量风险，提升采购设备质量，助力电网本质安全建设。

（三）促进电工装备行业质量提升

深化应用抽检结果，对同一物资类别下不同供应商的物资质量情况进行横向对比、分析，及时将产品质量问题、技术差距、质量稳定性、供应商分类分级结果等信息反馈至供应商，引导供应商提升产品质量和服务水平，促进电工装备行业质量稳步提升。

第五节　检测技术提档升级

国家电网公司在2024年物资专业年中工作会议上强调，加强省公司物资质量检测管控平台建设和检测设备数智化升级改造。智能检测设备有智能测量检验、故障诊断、信息处理、决策输出、移动快检等多种功能，具有比传统测量更丰富的应用场景，是智能检测装备模仿人类专家信息综合处理能力的结晶。

一、建设背景

按照质量为本、创新发展、规范高效、全面提升的工作思路，以高效完成电网物资检测工作为目标，推进电网物资快检规范化管理，利用新技术、新装备，不断探索电网物资在仓库检测的新模式。国家电网公司研发了电力物资智能检测系列装备，进一步提升检测效率、质量及可信度，支撑国家电网公司物资质量检测业务的全面升级。

二、创新实践

国家电网公司创新应用配电设备"万能"检测工位、成盘线缆多参数测试仪等新技术、新装备，推动检测技术提档升级。

（一）配电设备"万能"检测工位

当送检物资总数不多、但某类物资数量又过于集中时，会造成不同工位任务"忙闲不一"的情况，实验室峰值检测能力无法有效发挥，检测超期问题也会随之发生。为解决固定的检测能力分布与复杂多变的检测任务需求之间存在的矛盾，国家电网公司创新引入标准化、模块化设计理念，建成了模块化自适应智能检测工位，并实际用于配电设备的质量检测工作，详见图 6-7。该智能检测工位将不同检测模块接入创新设计的自适应检测机柜，单个工位即可根据需求"变身"为 19 类配电设备的综合检测工位，可开展 104 项电气试验，具有卓越的灵活性、良好的互换性和出色的可靠性。

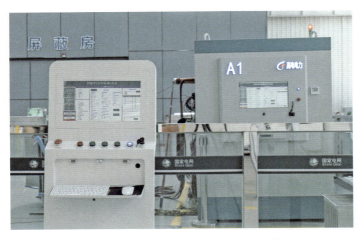

图 6-7　配电设备"万能"检测工位

（二）成盘线缆多参数测试仪

为提高成盘线缆质量管控能力，杜绝使用存在导体直流电阻不合格等质量问题的线缆，国家电网公司自主研发成盘线缆测试仪，并在此基础上，进一步研发成盘线缆测试仪"盲检版"（详见图6-8），有效规避检测数据泄密的风险，确保检测工作的客观、公正、高效。测试仪可开展成盘线缆长度、导体电阻及截面面积3类检测项目，具备检测任务自动生成、接线状态智能自检、试验程序一键顺控、数据内外网交互、检测结果智能研判等功能。经测算，平均单盘检测时间小于3min，相较于一代设备检测效率提升50%以上。

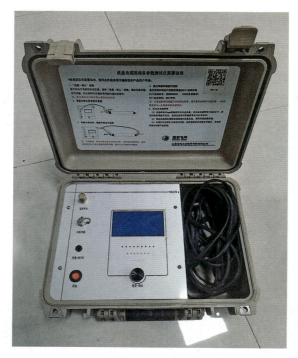

图6-8 "盲检版"成盘线缆测试仪

（三）配电变压器智能检测装备

根据高能效变压器C类项目及能效项目逐台全检的要求，国家电网公司自主研发配电变压器智能检测装备（详见图6-9和图6-10），覆盖物资抽检要求的全部C类电气检测项目，具有一次接线、一键操作、智能试验等特点，具备智能评判检测结果、一键生成检测报告等功能。据测算，该测试仪仅需30min即可完成一台配电变压器检测，相较于传统仪器检测效率提高3倍。

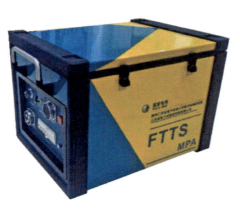

图 6－9　配电变压器能效测试仪　　　图 6－10　配电变压器 C 类项目快检仪

其中能效模块可开展绕组电阻测量、空载和负载损耗测量等检测项目，具备智能评判能效等级、一键生成检测报告等功能。据测算，能效测试模块仅需 15min 即可完成一台配电变压器能效检测，相较于传统仪器检测效率提高 5 倍。

（四）开关类设备关键参数测试仪

为进一步提高环网柜、开关柜、JP 柜等开关类设备质量预筛检快速检测能力，国家电网公司自主研发开关类设备关键参数测试仪（详见图 6－11），可开展主回路电阻测量、保护电路完整性验证、机械特性试验等 6 类关键检测项目，具备智能评判检测结果、一键生成检测报告等功能。据测算，该测试仪仅需 10min 即可完成一台环网柜关键参数检测，相较于以往效率提高 3 倍。

（五）电缆保护管快速检测装置

针对电缆保护管传统检测存在的盲样送检风险控制隐患、实验室送检时效性低、检测期间无法领用等难题，国家电网公司研发了集取样、检测、数据处理为一体的轻量化电缆保护管现场快速检验装置（详见图 6－12），全套装置包括取样装置、密度检测装置及维卡软化温度快检装置，能快速开展密度、维卡软化温度等试验项目，可广泛应用于市政、通信、房地产等管网建设项目场景，具有广阔的市场潜力。相较于传统检测方法，可减少 99% 的抽检时长，压缩 80% 的人力需求，在满足各方对电缆保护管的需求的同时，实现检测由刚性同质向柔性差异的转变。

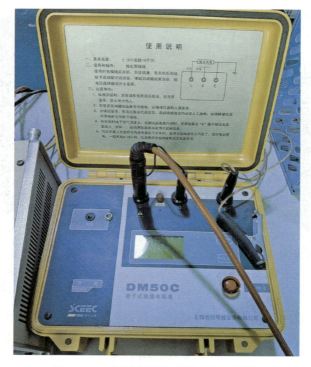

图 6-11　开关类设备关键参数测试仪

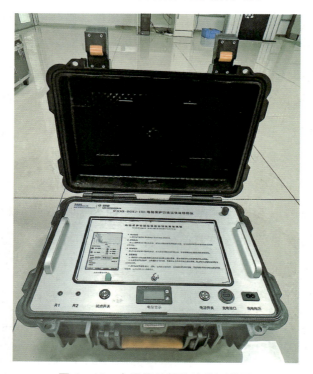

图 6-12　电缆保护管快速检测装置

（六）配网设备移动检测实验室

为落实"检储配"一体化基地标准化建设的检测能力要求，同时降低检测能力建设成本、提高检测灵活性，国家电网公司自主研发配网设备移动检测实验室（详见图 6-13），其由 1 个母平台和 2 个子平台组成，检测能力覆盖"检储配"一体化基地要求的 8 类设备的全部 C 级电气试验项目，具有试验操作易、报告出具快等特点。通过应用移动实验室，配网设备抽检效率比传统模式提升近 3 倍。

图 6-13　配网设备移动检测实验室

三、实施成效

检测新技术应用以来，取得了显著成效，主要体现在以下两个方面：

（一）优化作业方法

优化了传统抽检装备存在的人力成本高、检测手段单一、数据主观性强、受天气影响大、数据管理分散等问题，具有快速响应和高准确度的测量优势。

（二）减少人工差错

智能检测仪器设备是建设"透明实验室"的基础，智能检测装备的应用，优化了读数方式、数据传输路径等问题，能够杜绝数据誊写错误、人为篡改数据等问题，保障检测数据可信。

第六节　"检储配"基地建设及应用

根据国家电网公司绿色现代数智供应链和"检储配"一体化基地建设要求，深化质量监督与供应配送业务整体联动协同，通过打造"检储配"一体化基地，加速绿色现代数智供应链技术研发应用与深化落地。

一、建设背景

为贯彻党中央、国务院关于"着力提升产业链供应链韧性和安全水平"的决策部署，深化绿色现代数智供应链体系建设，聚焦提升供应链资源保障能力、风险防控能力、价值创造能力、行业引领能力和效率、效益、效能，全面加强设备质量安全管控，引领带动能源电力产业链供应链高质量发展，全面提升电网物资质量检测能力提升入网设备质量，国家电网公司结合物资业务发展需求，按照"实用性、先进性、可靠性、环保性、经济性"的原则，全力打造"四智两优"型"检储配"一体化基地，即以"智能决策、智能协同、智能作业、智能防护"为特征、以"体验最优、效率最优"为目标，深化推进"检储配"一体化基地建设，为国家电网公司绿色现代数智供应链体系建设提供有力支撑。

二、建设情况

国家电网公司近年来大力推进电网物资质量检测体系建设工作，相继发布《电网物资质量检测能力标准化建设导则（试行）》《电网物资质量检测能力评价导则（试行）》《"检储配"一体化基地标准化建设指导意见》等制度文件，按照"就地抽检、检后入库、集中储备、按需配送"的原则，在入库物资规模较大、周转率较高的中心库或周转库，就地或就近建设物资质量检测中心，建立"检储配"一体化基地，形成"先检后储、按需配送"的业务模式，优化"检储配"业务链条，减少运输成本和时间成本，提高抽检效率、风险防控能力和供应时效，深化质量监督与供应配送业务的整体联动和协同。

截至 2023 年底，国家电网公司各单位共建成各类标准化物资质量检测机构 162 家，其中，中国电科院、国网电科院两家直属科研产业单位建成检测机构 3 家，27 家省公司共建成检测机构 159 家（含 109 家"检储配"一体化基地），各省公司均已实现 30 类物资 C 级检测能力全覆盖（详见表 6-2）。

各省公司的能力范围内，已有 30 种物资具备 A 级检测能力，各类物资 A、B、C 级检测能力情况见图 6-14。省公司"检储配"一体化基地实景图如图 6-15 所示。

表 6-2 各省公司电网物资检测能力情况

单位名称	物资检测能力等级情况		
	A	B	C
江苏	30	0	0
河南	26	4	0
蒙东	23	5	2
湖北	21	8	1
山东	17	13	0
浙江	17	13	0
辽宁	16	14	0
福建	14	16	0
天津	13	17	0
湖南	13	17	0
北京	9	21	0
山西	9	21	0
安徽	9	21	0
冀北	7	23	0
四川	7	19	4
新疆	6	24	0
江西	6	21	3
重庆	4	26	0
上海	3	27	0
吉林	3	26	1
青海	3	25	2
陕西	2	28	0
宁夏	2	28	0
甘肃	1	24	5
西藏	0	30	0
河北	0	28	2
黑龙江	0	25	5

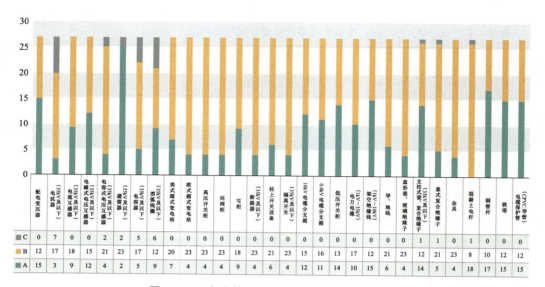

物资	C	B	A
配电变压器	0	12	15
电抗器(35kV及以下)	7	17	3
电流互感器(35kV及以下)	0	18	9
电磁式电压互感器(35kV及以下)	0	15	12
电容式电压互感器(35kV及以下)	2	21	4
避雷器	2	23	2
电容器(35kV及以下)	5	17	5
消弧线圈(35kV及以下)	6	12	9
美式箱式变电站	0	20	7
欧式箱式变电站	0	23	4
高压开关柜	0	23	4
环网柜	0	23	4
JP柜	0	18	9
断路器(35kV及以下)	0	23	4
柱上开关设备	0	21	4
隔离开关(35kV及以下)	0	23	4
10kV电缆分支箱	0	15	12
0.4V电缆分支箱	0	16	11
低压开关柜	0	13	14
架空绝缘线(1kV~35kV)	0	17	10
电力电缆(1kV~10kV)	0	12	15
导、地线	0	21	6
盘形瓷、玻璃绝缘子	0	23	4
支柱式瓷、复合绝缘子(35kV及以下)	0	14	14
悬式复合绝缘子	1	5	5
金具	1	21	4
混凝土电杆	0	23	18
钢管杆	1	8	17
铁塔	0	10	15
电缆保护管(CPVC导管、电缆保护管)	0	12	15

图 6-14　各类物资 C 级及以上检测能力情况

图 6-15　省公司"检储配"一体化基地实景图

三、应用成效

国家电网公司各单位积极开展各级检测中心和"检储配"一体化基地规划建设，取得一系列显著成效。

（一）多专业协同，提升资源利用效率

整合检测、仓储、配送三大业务资源，开展基地智能化、网络化、信息化改造提升，物资检测能力和效率得到大幅提升，配送效率和仓库周转率显著提高。

（二）深化业务融合，实现抽检精益智能

推动传统仓库向储检综合服务中心转变，利用自动化及物联网设备，加强物资存储和质量检测环节深度融合，实现抽检样品自动流转、检测过程客观公正、结果信息及时反馈，构建了数据采集全息感知、仓储资源可视共享、抽检业务高效精益的"检储配"一体化质量保障体系。

第七节　行业级物资质量管控平台建设

国家电网公司在 2024 年物资专业年中工作会议上强调，加强各单位物资质量检测能力建设，推动检测资源共享共用。国家电网公司整合内外部检测资源，推动跨行业物资质量检测业务应用，打造行业级物资质量管控平台，服务链上企业高质量发展。

一、建设背景

《质量强国建设纲要》提出"完善产品质量监督抽查制度""构建数字化、智能化质量管控模式"等一系列战略部署。为贯彻落实质量强国战略要求，把好设备入网质量关，提升电工装备行业质量竞争力，需要进一步加强电网物资检测透明管控。同时，随着绿色现代数智供应链建设不断推进，国家电网公司物资检测业务向着提效率、增效益、促效能纵深发展，对抽检作业的透明性、检测结果的权威性提出了更高的要求。

国家电网公司各单位存在信息化系统建设不统一、检测流程标准不统一、检测过程缺乏透明度、检测资源共享不充分、抽检策略缺少差异性等短板，制约物资质量监督工作成效，需通过统筹建设质量检测管控平台提高物资质量管理精益化水平。构建物资质量管控体系，打造透明实验室，是实现检测流程标准统一、提升规范管理水平的关键路径；是实现检测全程透明可溯，提升风险防控能力的内在需求；是实现业务数智赋能，提升抽检业务权威性的核心基础。

二、目标与思路

利用工业互联网、云计算等技术，围绕"数据不落地、全程可追溯"的原则，充分整合现有建设成果，统筹内外部检测资源，实时物联感知检测过程。在国家电网公司绿色现代数智供应链架构体系内，构建了"标准统一、检测透明、业务

高效"的新一代行业级电力物资检测管控平台（详见图6-16），实现了内外部检测资源整合，跨行业物资质量检测业务应用，支撑服务国家电网公司物资检测任务管理及检测机构业务应用发展，同时服务政府部门行业监管，服务链上企业高质量发展。

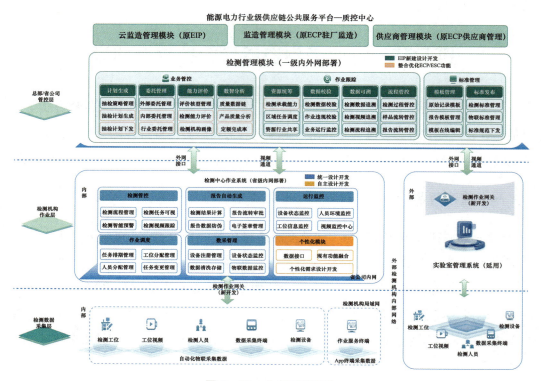

图6-16　业务系统架构

三、主要做法

（一）通过物联技术，实现检测设备互联

按照国家电网公司发布的统一规范数据采集标准，各检测机构加强数据的自动采集能力建设，对检测设备进行数字化升级，检测设备由单设备运行向具备物联采集能力的智能检测设备转变，通过通信接口改造或图像识别等技术手段，实现设备的数据自动采集。改造完成后，在检测机构侧部署检测作业网关，并通过检测中心作业系统进行检测设备注册，切换数据采集方式，实现检测数据的自动采集、上传平台。

（二）检测数据直采，实现数据透明可溯

1. 检测数据不落地

平台对检测中心的设备、工位、数据录入终端、传感器、视频等进行接入管理，实现设备接入、协议配置、状态管理、数据上报等功能，保证结构化、规范化检测数据能够安全、真实地接入内网环境，避免了人工誊写差错。

接收到检测数据后，依据检测规范、判定依据和报告模板，实现检测结果自动判定、报告自动生成。同时，应用电子签章和数字签名技术，实现 CNAS、CMA、检测专用章的加盖和报告的线上流转和审批。

2. 检测过程透明可视

通过检测过程线上记录，检测任务状态实时分析，对任务进度滞后、数据异常等情况开展预警，及时发现检测过程中存在的问题，提升检测管理质效、防范风险。同时，采用视频监控实现试验过程远程实时见证，并永久留存检测异常的视频。

3. 检测作业智能调度

基于物联网技术，实时感知并记录检测设备状态和环境信息、设备检定情况，实施检测作业智能调度，保障检测中心正常运行。同时，根据检测任务执行情况、设备作业状态、人员情况，智能调度检测班组、人员和检测设备，实现检测机构内部资源充分利用，提升检测效率。

（三）抽检业务线上全流程管控

1. 统一标准规范模板

国家电网公司建立了统一的检测技术标准管理和发布窗口。对每类物资的检测中心数字化模型、检测方法、检测标准、试验方案、作业规范、数据采集标准等进行统一管理，并下发至各检测中心，实现物资检测统一管控。同时，统一管理不同物资种类的检测报告模板、原始记录模板，形成数字化检测报告模板库和原始记录模板库。

2. 统筹规划资源共享

整合内外部资源，对各检测机构的检测能力进行量化梳理、智能评价，实现检测资源整合调配，最大限度发挥各检测中心的检测能力和承载能力，提高整体检测效率。同时，对供应商在不同时期、不同省份供应物资的检测数据进行统计和分析，综合应用订单生产过程质量评价等结果，全网统筹、智能推荐抽检策略。

3. 全流程线上管控

依据统一的检测规范，以"检测任务"为主线，实现全流程、多维度管控。监督委托单位检测业务环节，详细记录样品各环节流转过程信息，跟踪检测中心作业过程，实时感知试验过程数据、试验视频数据、试验结果等信息，实现检测业务全过程的全流程管控。同时，依据物资检测规范、检测标准，按照不同物资不同检测项目设定的数据校验规则，如时序合理性、记录完整性、数据合规性等，智能判断检测过程是否合规、数据录入是否完整、检测报告是否准确，并针对异常情况及时告警。

4. 检测全程可追溯

通过设备物联、系统互通，汇聚物资检测全流程数据，针对每个检测任务构建完整的任务链数据档案，实现历史检测任务追溯，支撑供应商检测结果复议。通过供应商授权，自动从检测机构获取供应商产品型式试验数据和检测报告，夯实供应商制造能力保证体系管理。

5. 检测数据智能分析

融合驻厂监造、云监造数据，形成产品质量数据链条，建立质量案例库，实现抽检策略优化、检测资源统筹、检测机构智能画像等应用，数智赋能质量监督精益化管理，主要包括产品质量数据链、数智智能分析、定额物资完成率分析功能。

四、建设应用成效

自国家电网公司搭建行业级物资质量管控平台以来，在资源汇聚、业务规范管理等方面取得了显著成效。

（1）资源汇聚，建立统一的行业资源池。全国电气设备质量检测机构整合，实现了对检测能力、检测资源的汇集，检测资源统筹规划，资源共享；检测资源的行业价值整合输出，实现了检测信息交互效率的提升，为全行业检测业务良性发展提供支撑，构建行业质量检测业务新生态。

（2）透明检测，提升抽检业务的规范性、公正性。实现了检测流程标准统一，打造了集成技术标准、试验方案、业务模板等全网统一的检测标准资源池，全面提升检测机构规范化管理水平；同时，检测数据实时汇聚传输，提升了检测设备数字化水平、检测过程的透明度、检测全程跟踪追溯能力、抽检业务权威性和公正性。

第八节 输电线路材料质量追溯标识应用

国家电网公司创新应用输电线路材料质量追溯标识技术，建立线缆材料"电子身份证"，推动构建包含生产、检测、验收、使用在内的全链条追溯信息库，实现各质量相关方的信息共享、共用。

一、建设背景

关键原材料质量是影响产品质量的主要因素，一旦某一批次线路材料出现问题或家族性缺陷，难以追踪同批次物资具体去向，给工程质量带来隐患。为强化供应商原材料质量管控主体责任，国家电网公司自 2021 年起组织建立铁塔、导线、金具和绝缘子 4 类输电线路材料的质量追溯机制，实现关键原材料、工艺可追溯，确保缺陷可溯源。基于 ECP 开发输电线路材料质量追溯功能模块，实现质量追溯信息的维护、审核、查询，以及多维度统计分析。

二、追溯机制

供应商应建立和制定关键原材料、关键生产工序的可追溯工作机制，实现质量跟踪管控，针对 35～750kV 铁塔、导线、金具和绝缘子 4 类输电线路物资，要求对以下关键原材料进行质量追溯：

（一）铁塔的关键原材料

铁塔的关键原材料为大规格角钢（肢边≥220mm）。

（二）导线的关键原材料

明确了各类型导线关键原材料，主要有：

（1）钢芯铝绞线的关键原材料：铝杆和镀锌钢芯（镀锌钢线）。

（2）铝包钢芯铝绞线的关键原材料：铝杆和铝包钢芯（铝包钢线）。

（3）铝合金芯铝绞线的关键原材料：铝杆和铝合金杆。

（4）铝合金绞线的关键原材料：铝合金杆。

（5）钢芯铝合金绞线的关键原材料：铝合金杆和镀锌钢芯（镀锌钢线）。

（三）金具的关键原材料

典型金具关键原材料主要有：

（1）耐张串的关键原材料：球头、碗头、U 型环和耐张线夹。

（2）悬垂串的关键原材料：球头、碗头和 U 型环。

（3）跳线串的关键原材料：球头、碗头和 U 型环。

（四）绝缘子的关键原材料

典型绝缘子关键原材料主要有：

（1）瓷绝缘子的关键原材料：黏土、氧化铝/铝矾土、铁帽、钢脚和窑炉批号。

（2）玻璃绝缘子的关键原材料：石英砂、工业纯碱、铁帽、钢脚和窑炉批号。

（3）自制混炼胶的复合绝缘子的关键原材料：白炭黑、氢氧化铝、硅橡胶、芯棒和金属附件。

（4）外购混炼胶的复合绝缘子的关键原材料：混炼胶、芯棒和金属附件。

三、质量追溯流程

质量追溯管理流程主要分为三步：追溯任务生成、追溯信息维护、追溯信息审核，详细流程见图 6−17。

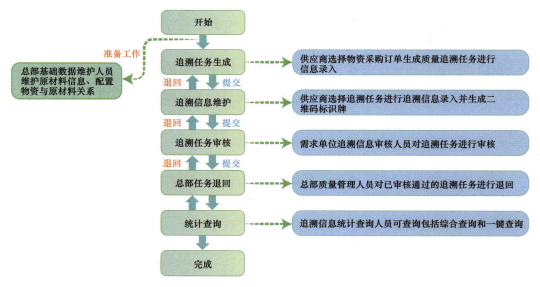

图 6−17　质量追溯管理流程图

（一）生成质量追溯任务

基于合同生效后的采购订单行项目，ECP 系统会自动生成追溯任务。如果一个采购订单行分批次供货，则按批次拆分为多个任务，追溯任务不能跨订单行生成。追溯任务基于采购订单行获取一定数量的订单质量编号。

订单质量编号数量的原则为：铁塔一基一个，导线一盘一个，金具原材料追溯信息相同的产品共用一个，玻璃、瓷绝缘子的窑炉批号及铁帽、钢脚追溯信息相同的产品共用一个，复合绝缘子的原材料追溯信息相同的产品共用一个。订单质量编号由系统自动生成。

（二）追溯信息维护

追溯任务生成后，供应商以订单质量编号为单位维护质量追溯信息，下载追溯信息模板，线下维护追溯信息后导入 ECP 系统，提交追溯任务，生成追溯二维码标识牌。

追溯信息包含三部分：产品基本信息、补充信息和关键原材料信息。

（1）产品基本信息包括供应商名称、项目单位、工程名称、物料描述、物料编码、采购订单号、采购订单行项目号、物资标识和订单质量编号。

（2）产品必要的补充信息，以铁塔为例，主要包括杆塔号（桩号）、塔重（t）、呼高（m）、型号（塔型编码）和出厂日期。

（3）关键原材料信息，以铁塔为例，主要包括原材料供应商名称、材质规格、原材料轧制批号、冶炼炉号、原材料长度、入厂复检报告编号、构件名称全称、构件编号（钢印号：杆件唯一性标识）、构件尺寸、加工数量（支）。

供应商将填好的追溯信息导入 ECP 系统并提交，质量追溯信息不可修改，系统允许下载质量追溯二维码标签样板，按招标文件中追溯标签制作及配置要求完成制作、安装，并与产品配套出厂。铁塔质量追溯二维码标签安装于塔脚，属永久性标签，要求 30 年以上室外可识别。导线、金具和绝缘子质量追溯二维码标签安装于出厂包装，属临时性标签，要求安装前室外可识别，现场安装时可按安装位置通过扫码的方式关联至铁塔质量追溯二维码，详见图 6-18。

工程：××输电工程
厂商：××有限公司
设备：铁塔（管塔）
杆塔号：122
型号：JC27103A
电压等级：500kV

ZL4000006899000100000023

图 6-18　质量追溯二维码标签示例图

（三）追溯信息审核

供应商产品到货后，项目单位组织对质量追溯二维码标签及质量追溯信息进行审核，确认二维码标签材质及尺寸满足要求，使用"e物资"App质量追溯管理功能扫码可识别，且对应的质量追溯信息与供货产品相符。审核结果作为验收入库的必要条件。

第七章

工作成效与未来展望

国家电网公司坚决扛牢央企责任，围绕建设具有中国特色国际领先的能源互联网企业战略目标，按照党中央、国务院印发的《质量强国建设纲要》要求，加快建设绿色现代数智供应链，以设备全寿命周期质量管理理念为引领，深入推动物资质量监督管理数智化升级和供应链绿色低碳高质量发展。

本章首先介绍了国家电网公司在推动电网装备制造质量提升、健全电网物资质量监督体系、推进电工装备数智制造能力快速发展、推动电工装备产业绿色发展等方面取得的成效；然后介绍了国家电网公司在完善全寿命周期数智质量监督体系、引领电工装备制造数智化转型、推动电工装备产业绿色低碳发展方面的下一步规划及展望。

第一节　工　作　成　效

一、电网装备制造质量明显提升

近年来，国家电网公司重大主设备出厂试验一次通过率保持在99%以上，电网设备入网抽检合格率提升至98.43%，十年来抽检合格率提升6.46%，电工装备制造质量显著提升。电工电气装备质量的提升，保证了电网的安全稳定运行，同步提升电力可靠性指标。电工电气装备可用系数保持在较高水平，城市电网用户平均供电可靠率达99.9%，农村电网供电可靠率达99.8%。电网基础装备质量的提升，保障了新发展时期对更高电能质量的需求，也增强了中国电工电气装备行业在国际市场上的核心竞争力。

二、电网物资质量监督体系更加完善

国家电网公司坚持设备质量全寿命周期监督管理，将供应链业务管理贯穿电网规划设计、需求计划、招标采购、生产制造、产品交付、安装调试、合同执行、运行维护、回收利用的整个链条，实现供应链和设备全周期管理。

生产制造过程监督全面加强。驻厂监造范围由4类扩大到13类，优化驻厂监造模式，推动开展区域联合监造，解决了驻厂监造工作长期以来存在的驻厂组扎堆、监造资源浪费和部分设备监造费用不足等问题，监造工作质效显著提升。创新开展云监造工作，监造范围扩展到37类物资，主要电网物资生产过程管控全面覆盖，产品合格率提升1.14%。截至2023年底，参与国家电网公司监造人员数量达到1732人。其中，具有本科及以上学历人数达到 929 人，具有中级技术（技能）职称人数达到 1172 人，具有高级技术（技能）及以上职称人数达到 346 人。

抽检能力大幅提升。截至 2023 年底，国家电网公司各单位共建成各类标准化物资质量检测机构 162 家，其中"检储配"一体化基地 109 家。国家电网公司各单位共有检测人员 4186 人，其中具有本科及以上学历人数达到 2753 人，具有中级技术（技能）及以上职称人数达到 2026 人，具有高级技术（技能）及以上职称人数达到 909 人。

供应商质量保证主体责任全面压实。规范供应商合同违约处罚程序，按照合同条款约定，质量问题按严重程度实行分级闭环处理，2019—2023 年累计因质量问题退换货 48.26 亿元，罚款 1.68 亿元。严肃供应商不良行为处理，对物资全寿命周期内发生的重大履约、服务、质量、诚信等问题，在合同违约责任追究的基础上，采取暂停中标资格或列入"黑名单"等不良行为处理，实现问题供应商"一处受罚、处处受限"，2019—2023 年累计处理供应商不良行为 9027 家次。深化供应商评价联动应用，针对 31 类电网物资编制了《电网物资供应商质量监督管理绩效评价导则》，对抽检、驻厂监造、云监造质量监督环节中发现的质量问题进行分类分级，确定合理的扣分原则和权重系数，并引入威尔逊置信区间和线性函数映射插值法，对评价得分进行修正，通过多条件控制、多区间修正，使最终的绩效评价得分能更为客观、准确地反映供应商的质量水平，有效改善不同供货数量、不同物资品类、质量管控评价周期等因素对于评价得分的影响，从而建立标准化、规范化、流程化的供应商质量监督评价体系。

质量联防联控机制全面落实。全面收集分析重点设备质量问题，通过编制电抗器、组合电器故障缺陷案例集，建立典型问题防控措施，集中专业力量定期开展供应商辅导，避免同类问题重复发生。

三、电工装备数智制造能力快速发展

建设电工装备智慧物联平台，引领供应商开展数字化、智能化改造，建成电工装备和谐共赢生态圈。电工电气装备行业工业互联网建设水平指数 48%、数字化指数 71%、自动化指数 70%，全业务系统集成率 44%、生产数据自动采集率 68%，关键工序数控化率 50%，极大推动全产业生产力变革和产能效率提升，智能制造步入产业深

耕、赋能发展的新阶段。截至 2023 年底，电工装备智慧物联平台已互联供应商 1400 余家，实现电网企业、电工装备制造商、第三方服务机构互联互通和信息共享。

四、电工装备绿色发展导向初步显现

绿色环保产品研发体系不断完善，在需求侧，构建绿色发展评价指标，引导链上企业绿色转型；在供应侧，完善绿色产品标准、认证与标识体系，开展电工电气装备碳足迹认证，获得工信部或地方工信主管部门绿色工厂评价企业 145 家，绿色制造、新能源发电、柔性输配电等新兴产业集群已初步成型。

第二节 未 来 展 望

一、完善全寿命周期数智质量监督体系

持续完善设备供应链质量管理体系，加强设备制造质量监督能力，提升设备性能评价及运维水平，全面提升产品质量管控能力，实现"以质取胜"，保障国家能源供应安全稳定。借鉴先进的质量管理理念，积极推进高效先进管理措施，促进产品质量、服务质量、工程质量等综合质量竞争力提升。聚焦痛点、难点问题，深入推进质量专项整治。搭建行业级统一质量管理平台，建立电工电气装备大数据库，各类质量问题可视化、可追溯、可整改，通过信息共享，实现质量管理快速迭代循环。建立用户—供应商信息统一管理机制，密切关注行业共性质量问题。强化生产安装过程管控，确保安装环节工艺刚性执行，保证设计、工艺要求有效落实。

（1）丰富全寿命周期质量管理内容。通过构建设备全寿命周期质量信息库，实现数据归集、平台贯通、质量溯源，推进质量监督管理工作质效提升。细化明确各部门质量管理职责、管理流程、管控方式、监督检查与考核等，将全寿命全过程质量问题反馈至供应商，督促其整改，不断提升产品质量。开展设备生产、检验、使用等各环节质量信息可溯追踪制度，建设电力设备国家级质量检测检验体系，开展全寿命周期质量认证和质量问题全过程全环节问题跟踪追溯。强化供应商质量管理认证体系和质量为先的制造理念，落实供应商制造质量主体责任和质量保证体系。随着全球化和网

络化的深入发展，质量监督将更加注重合作和共享，需要构建企业之间、企业与监管机构和消费者的合作关系，共同开展质量监督、改进产品质量。

（2）建设新一代全寿命周期质量监督体系。随着科技的进步，质量监督将越来越依赖智能化和数字化的工具。利用大数据分析进行质量预测和改进，利用机器学习和人工智能进行自动化检测和质量评估，有效提高质量监督的效率和准确性。未来国家电网公司将积极推动物联感知技术应用，打造智慧物联电力电气产业生态圈，实现上下游环节信息实时采集，设备全过程质量数据可视，打造大数据支撑的全过程质量监督体系。建立供应商产品全寿命周期质量信息数据库，落实电力设备全寿命全过程质量管理责任，发挥数据价值，实现电网物资质量管理体系的数字化、网络化、智能化。

（3）加快构建行业质量监督体系。加强物资质量检测能力建设，推动检测资源共享共用。建立健全设备重大质量故障及时"面对面"约谈机制，强化供应商"质量第一"意识。推进国家新型电力系统电力设备质量检验检测中心挂牌，加强省公司物资质量检测管控平台建设和检测设备数智化升级改造，打造透明检测实验室。

二、引领电工装备制造数智化转型

深入实施行业数智化升级行动，加快推进生产技术革新，构建数据互联互通、信息可信交互、生产深度协同、资源柔性配置的智能制造全链条，推进数字化车间和智能工厂建设，打造智能制造行业标杆，构建智能制造发展生态，持续推进制造业数字化转型、网络化协同、智能化变革。

（1）加快推进装备智能升级，筑牢数智转型基础。推动先进工艺、信息技术与制造装备的深度融合，开展装备联网、关键工序智能化改造、业务系统信息化改造，加速通用、专用智能化生产装备的研制和迭代升级。加快工业互联网、物联网、5G 等新型网络基础设施规模化部署，开展企业内外网升级改造，提升现场感知和数据传输能力。建立设备全寿命周期管理平台，集成智能传感、大数据和 5G 等技术，为客户提供基于运行数据的设备远程运维、预测性维护、可视化辅助检修等服务，不断促进产品设计和市场策略的优化改进，推动"生产型制造"向"服务型制造"转变，实现产品附加值的提升。

（2）推进制造全流程智能化，优化数智升级路径。聚焦设计、生产、管理等制造全过程，推进工业互联网在电工电气装备制造过程中应用。统筹推进电工电气装备行业数智化标准顶层设计和行业标准体系的建设。推进信息化管理系统部署集成，强化电工电气装备生产经营全过程智能化管控。2024 年 8 月，国家电网公司印发《"人工智能+供应链管理"专项行动方案》，明确了应用人工智能大模型、运筹优化等技术，提高一线人员作业效率，辅助管理人员决策，为供应链上下游用户赋能增效的发展方向。国家电网公司将推广人工智能技术，集成大数据、运筹优化、专家系统等技术，开展基于资源匹配、绩效优化的精准生产管理，试点应用"监造报告智能生成"系统，依托语义大模型文本生成能力，研发监造报告生成功能，基于监造见证信息，生成报告的监造见证总结部分，助推生产过程的智能优化和决策支持。

（3）建设智能制造示范工厂，引领行业数智升级。在具备先发优势的电工电气装备骨干企业，推进工艺创新和流程再造，培育多场景、多链条、多层次的智能制造新模式，打造电工电气装备领域数字化转型典范。选择技术条件成熟的单位和关键领域，申报专项政策支持，梯度建设智能制造示范产线或车间，加快形成"雁阵效应"。2024年 8 月，国家电网公司印发《关于做好创新型产品采购工作的意见》，强调指出"做好创新型产品质量监督评估与质量帮扶等工作，共同分担研发风险，开拓引领市场发展，更好地支持应用技术创新和科技成果转化，提升科技力量和创新资源配置效率"，引领带动电工装备行业创新发展。加快与新一代信息技术融合，推动"5G＋工业互联网"典型场景在电工电气装备领域应用，支持行业龙头企业搭建企业级工业互联网云平台，培育适用于电工电气装备制造的工业互联网顶级节点产业生态。

三、推动电工装备产业绿色低碳发展

加快推进电工电气装备行业绿色低碳转型，以绿色低碳技术创新为驱动力，以绿色检测认证服务为着力点，以绿色装备创新应用为抓手，加快构建绿色低碳转型与赋能绿色发展相互促进、深度融合的现代化产业格局，助力碳达峰碳中和目标如期实现。

（1）开展绿色低碳技术创新，推进产业结构转型。开展聚焦多学科技术融合、集成先进信息科技成果、应用新型材料的创新性科研工作，重点突破并掌握电工电气装备绿色低碳核心基础零部件与元器件的技术工艺，提升行业环保节能技术水平。瞄准

安全灵活、绿色低碳的输电网技术装备，持续开展不同电压等级、不同开断容量的发电机断路器及高电压等级环保开关设备的研制，逐步减少 SF$_6$ 等温室气体的使用；加快大功率电力电子器件、天然酯（植物）绝缘油变压器、高电压等级高效节能变压器等研发突破。发展满足新型电力系统"双高""双随机"特性的保护与控制配电技术装备，依托智能配电网、主动配电网建设，加速突破综合能源管理及利用、多电源优化互动等技术装备。

（2）推动绿色检测认证服务，引导企业绿色转型。建立电工电气装备碳效比数据库、装备全寿命周期碳足迹图谱数据库、重点电工电气装备企业碳排放数据库、碳排放因子库、低碳技术库、双碳标准库 6 大核心数据库，面向全行业提供电工电气装备碳效比测评和全寿命周期评价服务、企业/园区碳排放和碳效比核查服务、低碳装备检验检测服务、低碳技术验证服务、低碳装备认证服务 5 大类服务，推动电工电气装备"双碳"检验和认证体系建设。推动企业级检测中心资源纳入国家电力设备绿色低碳检验检测体系，融入国家、行业质量监督管理体系。推进绿色装备检测资源、检测技术、检测数据全行业共建共享，为绿色低碳电工电气装备入市、入网提供"绿色通道"。

（3）加强绿色装备应用，助力绿色转型提速。加强政策引导和支持，推进绿色低碳电工电气装备应用创新和推广，形成需求牵引供给、供给创造需求的更高水平的动态平衡。支持将符合条件的电工电气装备纳入国家、地方相关重大技术装备指导目录，研究发布重大技术装备推广应用导向目录。引导行业组织、研究机构等搭建供需对接平台，加快绿色低碳电工电气装备推广应用。围绕新型绿色低碳电工电气装备，建设满足工程应用实际的首台（套）重大技术装备试验验证平台。发挥重大工程牵引带动作用，鼓励具备基础和条件的地区，积极推进环保电工电气装备重点领域技术和产品推广应用。

参 考 文 献

[1] 龚益鸣. 现代质量管理学 [M]. 3 版. 北京：清华大学出版社，2012.

[2] 韩福荣. 现代质量管理学 [M]. 4 版. 北京：机械工业出版社，2018.

[3] 宗蕴璋，顾荣. 质量管理 [M]. 西安：西安电子科技大学出版社，2016.

[4] 苏秦. 现代质量管理学 [M]. 2 版. 北京：清华大学出版社，2005.

[5] Yingzhong Zhang，Xiaofang Luo，Jennifer J. Buis，John W. Sutherland. LCA-oriented semantic representation for the product life cycle [J]. Journal of Cleaner Production，2015，（86）：146 – 162.

[6] 姜兴宇. 网络化制造模式下产品全生命周期质量管理系统研究 [D]. 沈阳：东北大学，2008.

[7] 张翠华，黄小原. 供应链质量监督问题及其决策 [J]. 工业工程，2002，5：35 – 38.

[8] 刘书庆，连斌，董丽娜. 产品质量危机影响因素相互作用关系实证研究 [J]. 系统管理学报，2015，3：243 – 253.

[9] 刘书庆，刘杰. 采购过程质量危机预防与预警模型研究 [J]. 工业工程与管理，2014，10：31 – 42.

[10] 宋占奎. 项目物料采购质量控制方案研究 [D]. 西安：西安理工大学，2008.

[11] 蒲国利，苏秦，刘强. 一个新的学科方向——供应链质量管理研究综述 [J]. 科学学与科学技术管理，2011，10：70 – 79.

[12] 刘强，苏秦. 供应链质量控制与协调研究评析 [J]. 软科学，2010，12：123 – 127.

[13] 张天天. 核心企业主导下的供应链质量管理 [J]. 吉林省教育学院学报，2010，12：118 – 119.

[14] 陈宝涛. 论设备监造与设备监理 [J]. 经济管理论坛，2005，16：49.

[15] 姜宏锋，邢庆峰. 供应商质量防线：供应商质量管理的策略、方法与实践 [M]. 北京：机械出版社，2019.

[16] S·托马斯·福斯特. 质量管理：整合供应链 [M]. 何桢，译. 6 版. 北京：中国人民大学出版社，2013.

[17] 中国设备监理协会组织. 设备监理在中国 [M]. 北京：中国质检出社，2014.

[18] 上海市工程设备监理行业协会. 设备监理总监理工程师 [M]. 上海：上海科学普及出版社，2006.

[19] 张连营. 设备监理高级教程 [M]. 北京：清华大学出版社，2014.

［20］ 国家电网公司. 国家电网公司物力集约化管理实践与创新［M］. 北京：中国电力出版社，2015.

［21］ 国家电网有限公司. 现代智慧供应链创新与实践［M］. 北京：中国电力出版社，2020.

［22］ ［美］供应链管理专业协会（CSCMP），马克·穆恩. 供应链与需求管理［M］. 高雪洁，译. 北京：人民邮电出版社，2020.

［23］ ［美］供应链管理专业协会（CSCMP），温迪·泰特. 供应链与采购管理［M］. 黄薇，译. 北京：人民邮电出版社，2020.

［24］ ［美］供应链管理专业协会（CSCMP），斯科特·凯勒，布赖恩·凯勒. 供应链与仓储管理［M］. 黄薇，译. 北京：人民邮电出版社，2020.

［25］ ［美］供应链管理专业协会（CSCMP），马修·沃勒，特里·埃斯珀. 供应链与库存管理［M］. 罗小七，译. 北京：人民邮电出版社，2020.

［26］ ［美］供应链管理专业协会（CSCMP），托马斯·戈尔兹比，迪帕克·延加，沙尚·拉奥. 供应链与物流管理［M］. 曾月清，译. 北京：人民邮电出版社，2020.

［27］ ［美］供应链管理专业协会（CSCMP），娜达·桑德斯. 供应链运营管理［M］. 荣岩，译. 北京：人民邮电出版社，2020.

［28］ ［美］供应链管理专业协会（CSCMP），保罗·迈尔森. 供应链精益管理［M］. 徐钰，译. 北京：人民邮电出版社，2020.

［29］ ［美］供应链管理专业协会（CSCMP），罗伯特·弗兰克尔. 供应链管理典型案例［M］. 罗小七，译. 北京：人民邮电出版社，2020.

［30］ ［美］供应链管理专业协会（CSCMP），布赖恩·吉布森，乔·汉纳，克利福德·迪菲. 供应链管理综合实战［M］. 陈浩哲，吴梦如，译. 北京：人民邮电出版社，2020.